DECAMPS

SA VIE,

SON ŒUVRE, SES IMITATEURS

PAR

MARIUS CHAUMELIN,

Rédacteur en chef de la *Tribune artistique et littéraire du Midi.*

MARSEILLE

CAMOIN FRÈRES, LIBRAIRES-ÉDITEURS,

Rue St.-Ferréol, 4.

1861

Tiré à 200 Exemplaires.

DECAMPS

—

SA VIE, SON ŒUVRE, SES IMITATEURS.

I

Decamps a raconté lui-même l'histoire de son enfance et de ses premières études dans une lettre charmante adressée au docteur Véron et publiée par ce dernier dans les *Mémoires d'un bourgeois*. Voici les principaux traits de cette spirituelle autobiographie :

« .... Decamps (Alexandre-Gabriel) naquit le troisième jour du troisième mois de la troisième année de ce siècle, c'est-à-dire le 3 mars 1803, et, j'ai honte de le dire, aucun autre prodige ne signala sa naissance. — Présenté à la municipalité le jour même, le petit Decamps fut accusé tout d'une voix (vu le volume exorbitant de sa personne) d'avoir enfreint je ne sais quelle loi ou ordonnance qui enjoint aux parents d'avoir à faire inscrire les nouveaux-nés dans un délai prescrit.

« Je paraissais déjà vieux vraisemblablement (je puis bien, ce me semble, employer par ci par là la première personne). Tant il y a que j'étais excessivement volumineux pour mon âge ; ce qui ne m'a pas empêché d'être, depuis, assez chétif et souffreteux. — Faites, après cela, des conjectures sur les dispositions précoces.

— 4 —

« Ce qui eut cours en mes premières années sont choses communes à tous. L'enfant montra d'abord d'assez mauvaises dispositions : il était violent et brutal, bousculant ses frères ; l'on n'en augurait rien de bon. Il atteignit ainsi l'âge où son père (homme de sens pourtant) jugea à propos d'envoyer ses enfants au fond d'une vallée presque déserte de la Picardie, pour leur faire connaître de bonne heure, disait-il, la dure vie des champs.

« Je ne sais ce que mes frères y apprirent. Quant à moi, j'oubliai bientôt et mes parents et Paris, et ce que notre bonne mère avait pris tant de soin de nous montrer de lecture et d'écriture. Je devins, en revanche, habile à dénicher les nids, ardent à dérober les pommes. Je mis la persistance la plus opiniâtre à faire l'école buissonnière, — car il y avait une école en ce pays-là, — et si le magister a rarement vu ma figure, il n'en saurait dire autant de mes talons. J'errais alors à l'aventure, parcourant les bois, barbotant dans les mares. C'est là, sans doute, que j'aurai contracté ce grain de sauvagerie qu'on m'a tant reproché depuis, et dont le frottement civilisateur auquel les hommes aujourd'hui, bon gré mal gré, sont soumis n'a pu me dépouiller totalement. Je ne prendrais pas la peine de coucher sur le papier de pareilles puérilités, si je ne savais de reste combien les moindres particularités intéressent dans la vie des hommes *célèbres*. — Je reviens à mon sujet. Ayant vu faire à de petits paysans d'informes figures en craie, j'en taillais moi-même volontiers ; mais, dans ces ouvrages, le croirait-on ? je me soumis aux règles reçues. Le génie ne se révéla pas : l'esprit d'innovation ne m'avait pas encore apparemment soufflé son venin.

« Après trois années environ de cet apprentissage rustique, roussi par le soleil, suffisamment aguerri à aller nu-tête et parlant un patois inintelligible, je fus ramené à Paris, dont je n'avais nulle idée. J'y fis longtemps la figure que fait un petit renard attaché par le col au pied d'un meuble.

« Ma pauvre mère, à qui ce mode d'éducation déplaisait horriblement, parvint enfin à m'apprivoiser et décrasser un peu, et je fus livré à l'inexorable latin. — Durant des années, les bois, les *larrils*, les *courtils* (1), me vinrent en mémoire avec un charme inexprimable ; parfois, les larmes m'en venaient aux yeux.

« Peu à peu le goût du barbouillage s'empara de moi et ne m'a plus quitté depuis.

« A la pension, je me liai d'amitié avec un camarade gentil d'es-

(1) Mots patois : *friches, herbages.*

prit et doué d'heureuses dispositions (Philibert Bouchot, mort tout jeune) ; et dès que je le pus faire, j'entrai comme élève chez son père, qui était peintre. M. Bouchot me donna quelques bons avis ; je lui dois des observations utiles ; j'appris chez lui un peu de géométrie, d'architecture et de perspective. Je le quittai néanmoins, et fus reçu dans l'atelier de M. Abel de Pujol, que son bon tableau du *Martyre de Saint-Etienne* venait de placer au rang de nos meilleurs peintres. »

Le futur auteur des *Singes experts* et de l'*Ecole turque*, élève de M. Abel de Pujol, l'académicien !...... Assurément jamais leçons n'ont dû être moins écoutées, à moins que le jeune Decamps n'ait voulu apprendre ce que valaient les traditions de l'école afin de pouvoir plus hardiment fouler aux pieds la routine et innover à sa guise.

« Je travaillai volontiers dans les commencements, — ajoute-t-il, dans sa lettre au docteur Véron, — malheureusement le maître (Abel de Pujol), bon et indulgent, absorbé d'ailleurs par ses travaux, était peu propre à me faire comprendre l'utilité, l'importance même des études dont je n'apercevais que la monotonie. Le dégoût me vint et je quittai l'atelier.

« J'essayai chez moi quelque petits tableaux ; on me les acheta, et dès lors mon éducation de peintre fut manquée. Toutefois, je dus beaucoup à un amateur né avec une imagination et une ardeur d'artiste : M. le baron d'Ivry, par ses bons avis et sa verve chaleureuse, me tira plus d'une fois de l'apathie et du dégoût, ou plutôt du découragement où je tombais de temps en temps ; depuis mon début jusqu'à sa mort, cet homme aimable et distingué m'honora de sa bienveillante amitié.

« J'ai fait successivement plusieurs voyages : en Suisse d'abord, puis dans le midi de la France ; plus tard dans le Levant, et, en dernier lieu, en Italie ; mais le midi de la France conserva toujours sa bonne part dans mes affections.

« Je tâtai divers genres, marchant à tâtons, chancelant, trébuchant aux ornières et aspérités du chemin, et m'accrochant aux ronces et buissons qui le bordent, sans direction, sans théorie, semblable enfin à un navigateur sans boussole, et m'épuisant quelquefois à poursuivre l'impossible.

« Sorti par ricochet de l'école de David, je me trouvai nu et désarmé ; car, malgré les puissantes et incontestables facultés de ce peintre, l'absence de toute observation sérieuse, le mépris et l'oubli de toute tradition, fermaient l'avenir à ses errements : —

« Voyez la nature, voyez l'antique ! » Formule de l'enseignement d'alors, que le moindre examen réduit presque aux proportions d'une niaiserie. S'il ne s'agit que d'ouvrir les yeux, le premier rustre le peut faire ; les chiens aussi voient. L'œil, sans doute, est l'alambic dont le cerveau est le récipient ; mais il faut savoir s'en servir : nul n'est chimiste pour posséder des cornues, il faut apprendre à voir !

« Dans l'enseignement, toute théorie a une valeur si elle émane d'un esprit juste : c'est le bâton de l'aveugle. L'absence de tout principe est seul un mal. Chaque maître part d'un point théorique, et Rembrandt fut peut-être le seul artiste qui sut formuler du premier coup sa théorie et sa pratique sans aucun appris : aussi, pour n'en être pas le plus grand, doit-il être considéré comme le plus extraordinaire des peintres. »

Ces premiers tâtonnements et ces hésitations ne durèrent pas longtemps. Au retour du voyage en Orient qu'il fit vers la fin de la Restauration, Decamps sentit qu'il avait trouvé sa voie et qu'il était désormais maître de son pinceau. Il débuta au Salon de 1827 par une *Chasse aux vanneaux* et une première étude orientale : *Soldat de la garde d'un visir*. Mais ce ne fut guère qu'en 1831 qu'il révéla toute sa puissance et toute son originalité. La *Ronde de nuit du cadji-bey* (chef de la police) *de Smyrne* qui parut au Salon de cette année, attira l'attention des connaisseurs et fit du bruit à côté même de la *Liberté* d'Eugène Delacroix et du *Cromwell* de Delaroche qui figurèrent avec tant d'éclat à cette Exposition. Les défenseurs passionnés du romantisme reconnurent en Decamps un maître appelé à donner du relief aux nouvelles doctrines et l'acclamèrent avec enthousiasme. Un jeune critique, dont le nom est devenu célèbre depuis, Gustave Planche, écrivit alors ces lignes prophétiques : « M. Decamps est un grand artiste, un artiste *inimitable*, personnel, qui ne fait suite à personne, à qui personne ne pourra faire suite, qui ne se rattache ni aux Flamands, ni aux Anglais... Talent original, tellement singulier, tellement *lui*, qu'il ne pourra pas même fonder d'école. Il aura des singes et pas un élève.»

Au même Salon, Decamps avait exposé une *Maison turque*, des *Singes*, un *Ane*, l'*Hôpital des chiens*, des *Bohémiens en voyage* : productions fort diverses, comme on voit, et qui indiquent du premier coup tout ce qu'on pouvait attendre de ce génie original et presque universel.

L'Exposition de 1834, où figurèrent la *Jane Grey* de Delaroche et le *Saint-Symphorien* de Ingres, — devait être pour Decamps l'occasion d'un nouveau triomphe. La *Défaite des Cimbres* prouva qu'il était capable d'aborder avec supériorité les plus grands sujets, et le *Corps-de-garde turc* confirma sa prise de possession souveraine des régions lumineuses de l'Orient.

Au Salon de 1839, mêmes succès avec le *Supplice des crochets*, les *Bourreaux turcs*, les *Singes experts*, le *Joseph vendu par ses frères*, toutes œuvres fort diverses et qui continuèrent à passionner le public.

Sans quitter l'Orient qui lui avait valu ses plus beaux et ses plus légitimes triomphes, Decamps, préoccupé de style et de grande peinture, exposa successivement divers épisodes bibliques et des scènes militaires : le *Siége de Clermont* (1842), et neuf scènes de la *Vie de Samson* (1845).

Les connaisseurs, dégagés de toute influence d'école, et la critique indépendante avaient depuis longtemps proclamé l'originalité d'invention et l'exécution magistrale de Decamps, mais la direction des Beaux-Arts, encore assujettie au joug des vieilles régles, se montrait peu favorable aux hardiesses de ce génie créateur. Aucune commande de l'État ne vint récompenser l'auteur de tant de chefs-d'œuvre et, — la postérité le croira-t-elle? — Decamps se voyait encore refuser plusieurs tableaux à l'Exposition de 1846 où figurèrent cependant un de ses plus beaux ouvrages, l'*École turque*, et un *Souvenir de Turquie*, un *Berger* et un petit *Paysage*.

Rebuté par cette partialité aveugle, Decamps cessa dès lors de prendre part aux Expositions publiques, se contentant de travailler pour les nombreux admirateurs de son talent, et créant dans tous les genres, des chefs-d'œuvre que se disputaient les plus riches collections.

L'Exposition universelle de 1855 le vit paraître dans tout son éclat, dans toute sa puissance, avec plus de cinquante tableaux qui résumaient toute son œuvre, et qui le firent consacrer maître par l'Europe entière. La critique, fidèle interprète de l'admiration publique, lui assigna une place d'honneur aux sommets de l'École française contemporaine, à côté d'Ingres et de Delacroix.

Nommé chevalier de la Légion-d'Honneur le 2 mai 1839, il fut promu au grade d'officier le 2 mai 1851.

Sa réputation ne s'est pas renfermée en France. A l'étranger son génie fut de bonne heure reconnu et proclamé. La Hollande, la Belgique, l'Allemagne, l'Angleterre possèdent un grand nombre de ses tableaux, classés avec distinction dans les galeries les plus célèbres. Et, faut-il le dire, hélas ! nos Musées n'ont retenu aucun des chefs-d'œuvre de ce glorieux enfant de la France; la direction des

Beaux-Arts tiendra, sans doute, à honneur de combler cette lacune, mais elle paiera chèrement la faute des administrations précédentes, car les tableaux de Decamps que d'opulents amateurs couvraient d'or, il y a quelques années, ne feront qu'augmenter considérablement de valeur, maintenant que la main qui enfantait ces merveilles de couleur est glacée.

Le mot célèbre de Buffon : *le style c'est l'homme*, peut aussi bien s'appliquer au peintre qu'à l'écrivain ; peut-être serait-il plus juste de dire en parlant de Decamps : *l'homme c'est le style*. La vie même de ce grand artiste est l'histoire de son talent. Amant passionné de la nature, des bois, des rivières, des étangs, il fuyait obstinément la ville et se dérobait avec soin aux importunités et aux obsessions de ces amateurs superficiels qui sont le fléau des ateliers. A propos de cet amour de Decamps pour la solitude et la vie active en plein air, M. Jules Lecomte racontait, en 1855, l'anecdote suivante : « Decamps est personnellement introuvable. L'autre jour, un amateur se présente rue du faubourg Saint-Denis, à l'adresse invraisemblable indiquée sur le livret du Salon et demande l'artiste. — Le portier répond qu'il est déménagé. « Où le trouver ? » — « Sur le haut d'une très-haute montagne, dans les environs de Paris ! » — Cherche ! Vous figurez-vous Decamps, un artiste, logé au faubourg Saint-Denis ? — Au haut d'une montagne, soit ! Vous avez en effet plus de chance de le rencontrer n'importe où qu'à Paris. Peut-être à l'heure où les amateurs délicats admirent son œuvre à l'Exposition, est-il dans les bois avec les gardes-chasse, dans les champs avec des paysans, au chenil avec les chiens, ou à la ménagerie avec les singes. C'est un bucolique, un chasseur, un fumeur, un flaneur. Qui est-ce qui pourrait se vanter qu'il aura, tel jour, Decamps à dîner chez soi ? Il y a quelques années, il avait en plein Paris un domicile réel et trop connu ; les barricades n'y faisaient rien, on pénétrait chez lui, et trop. — « Ah ! c'est comme cela ! dit-il ; c'est bien ! » — Et un beau jour il fait annoncer sa vente mobilière dans les journaux, décidé à choisir quelque retraite départementale, où il pût promener ses chiens, son fusil sur l'épaule, le cigare à la bouche et les mains dans les poches profondes d'une veste de gros velours anglais. Je ne sais quelle contrée il choisit, ni s'il y est encore. On s'arracha ses quelques esquisses et ses meubles d'atelier, ses armes, ses potiches. » (1).

En voyant la persistance qu'il mettait à fuir les salons parisiens

(1) *Indépendance Belge*, 28 juin 1855.

où sa brillante réputation semblait devoir le retenir, on n'a pas manqué d'accuser Decamps de misanthropie, de sécheresse d'âme ; quelques-uns ont vu en lui le Rousseau de la peinture et ont prétendu que ses célèbres parodies de l'homme par le singe trahissaient son mépris de la société. Nous examinerons la valeur de cette accusation en étudiant les tableaux de l'artiste ; mais, disons-le tout de suite : Decamps eut les sentiments élevés et généreux ; comme l'illustre ermite de Montmorency, il préféra toujours, il est vrai, la solitude et le calme des champs au tumulte peu inspirateur de la ville et aux caquets des coteries ; mais, comme lui aussi, il sentit vivement et peignit avec âme les beautés de la création ; comme lui, il aima les paysans et se plut à encadrer dans ses tableaux leurs rudes et franches physionomies, se ressouvenant sans doute de son heureuse et libre enfance passée « au fond d'une vallée presque déserte de la Picardie » et de « cet apprentissage rustique » qu'il fit avec les petits campagnards.

Compiègne et Fontainebleau furent les séjours de prédilection de Decamps ; il y vécut heureux au sein d'une famille adorée et de la belle nature, objet de ses incessantes contemplations.

Sportsman passionné, il suivait souvent la chasse dans les forêts qui entourent Fontainebleau, où il s'était fixé en dernier lieu. Il avait pris d'ailleurs l'habitude de faire chaque jour une promenade à cheval pour sa santé. Celle qu'il fit le 22 août 1860 devait être la dernière. Il était sorti de chez lui à trois heures. « Tout-à-coup, écrit un de ses amis, M. de Curez, qui a assisté à ses derniers moments, tout-à-coup son cheval s'effraie ; il s'élance au triple galop, s'emporte, ne connaît plus de frein. Notre pauvre Decamps n'a pas la force de le retenir. Le cheval, dans sa course désordonnée, prend un sentier escarpé. Une grosse branche d'arbre se trouve en travers qui atteint Decamps et lui brise l'estomac. Le choc le renverse de son cheval, il tombe et se casse cette main qui a fait tant de chefs-d'œuvre. On le rapporte chez lui dans un état épouvantable. Jugez de la douleur de sa femme et de ses filles ! — Le docteur Le Blanc a été appelé sur le champ et ne l'a pas quitté d'un instant ; mais il a reconnu du premier coup-d'œil l'impuissance de la science à sauver Decamps. Rien à faire ! Et lui, dans des souffrances intolérables (il ne pouvait respirer), poussait des cris de douleur, demandant la mort, la mort !... Enfin la Providence a eu pitié, et Decamps a rendu le dernier soupir ce soir, à sept heures quarante-sept minutes. La nouvelle répandue dans la ville a consterné la population. Pauvre cher génie ! »

Surpris à l'âge de 57 ans par cette mort aussi cruelle que prématurée, Decamps a laissé un assez grand nombre de toiles inachevées et beaucoup d'esquisses. Il a été question d'organiser une Exposition générale de ses œuvres, comme on a fait pour Delaroche et pour Ary Scheffer, nous ne savons si l'on s'occupe sérieusement de ce projet dont la réalisation réjouirait tous les amis de l'art; mais nous craignons fort que les possesseurs des œuvres précieuses du maître ne consentent pas à les distraire de leurs collections; cela a pu se faire en 1855 à l'occasion de l'Exposition universelle, cela ne se renouvellera pas sans doute.

II.

Decamps était un de ces artistes, — trop rares aujourd'hui, — qui, n'adoptant pas la spécialité d'un genre, s'attachent au contraire à peindre tout ce qui frappe leurs yeux et traitent avec une égale supériorité les sujets les plus opposés.

Ses œuvres peuvent se classer en quatre catégories bien distinctes : 1° Sujets historiques et sujets religieux ; 2° paysages et sujets orientaux ; 3° scènes de chasse, animaux ; 4° genre.

Sujets historiques et sujets religieux. — Decamps, qui n'a guère laissé que des tableaux de chevalet, fut tourmenté toute sa vie du regret de ne pas avoir été appelé, comme tant d'autres, à faire de la grande peinture. Dans l'autobiographie déjà citée, il se plaint amèrement d'avoir été condamné, par le manque d'encouragements, à se renfermer dans de petits cadres :

« Je vous ai parlé des *Cimbres*, dit-il, parce que ce sujet est caractéristique de la voie que je comptais suivre; mais le peu d'encouragement que je trouvai d'abord, le caprice, le désir de plaire à tous, que sais-je encore? m'en ont plus ou moins détourné. — Je demeurai claquemuré dans mon atelier, puisque nul ne prenait l'initiative de m'en ouvrir les portes; et, malgré ma répugnance primitive, je fus condamné au tableau de chevalet à perpétuité. Je vis avec chagrin tous mes confrères chargés, successivement, de quelque travail sur place. Là était mon lot, là était mon aptitude : pour moi, un tableau à effet était un tableau fait; un tableau de chevalet ne l'est jamais. Et partant je forçais ma nature. Sans doute, les chétives productions qu'enfantait mon génie étaient peu propres à donner de mon imagination une idée bien relevée. Je le sentais, et je donnai le jour en diverses fois à de grands dessins et compositions ; mais ce fut en vain. — On me demanda un tableau de chevalet, alors que j'en avais par dessus la tête.

« ... Et pourtant l'esprit d'invention ne me manquait pas, et j'aurais autrefois tiré parti de l'idée la plus saugrenue si l'on m'eût accordé une salle quelconque.

« Ce que j'eusse produit eût été fort attaquable, j'en conviens ; mais, enfin, organisé d'une manière particulière, ce que j'eusse produit fût un peu sorti de ce système de plafonnage usité. Cela méritait pourtant qu'on y songeât ; mais, bah ! avec la prétention de marcher à la tête de tout progrès, nous sommes peut-être le peuple le plus routinier de la terre.

« Sans me mettre au niveau de cet excellent artiste, j'eus le sort de Barye. Ce génie piquant et original, aux aptitudes et études spéciales, qui eût décoré nos places de monuments uniques dans le monde, se trouve trop heureux de pouvoir formuler ses idées dans les maigres proportions d'un *surtout* d'un usage impossible ; et, finalement, il est triste de constater qu'un talent qui, seul peut-être, eût pu doter son pays d'un monument vraiment original, se vit réduit à la fabrication de serre-papiers. — Quant à moi, j'ai la conviction que la nécessité où je me suis trouvé de ne produire que des tableaux de chevalet m'a totalement détourné de ma voie naturelle. — « Nous n'avons rien fait pour vous, me disait naïvement, « en 1839, un directeur alors fort influent, parce que le public ai- « mant, appréciant vos ouvrages, vous n'aviez nul besoin de nous. » Après une pareille déclaration, que faire, sinon prendre son chapeau, saluer et disparaître ? — C'est ce que j'ai fait. — Le mot de l'énigme est qu'il fallait demander, solliciter, se faire appuyer : toutes manœuvres pour lesquelles je n'avais nulle aptitude ; non par orgueil, comme on pourrait le supposer, mais par une sorte de honte et de répugnance tout à fait insurmontable. »

La largeur et le style avec lesquels Decamps a exécuté divers sujets bibliques, quoique réduits à de modestes proportions, doivent faire supposer assurément que l'artiste eût atteint à de grandioses conceptions et à des effets saisissants, s'il eût pu déployer ses qualités sur de vastes toiles ou sur les parois d'un monument. Mais faut-il croire avec lui qu'il ait été véritablement dévoyé par la nécessité où il fut de ne traiter que des sujets de dimensions restreintes ? « En admettant, ce qui n'est que trop vrai, — a dit le critique éminent des *Débats*, M. Delécluze, — qu'on a eu le tort de ne pas confier à Decamps l'exécution de quelques peintures monumentales,

son talent , sa gloire, ses intérêts en ont-ils souffert ? Nullement
En peignant des ouvrages destinés à être vus de près, il s'est toujours appliqué à soigner davantage toutes les parties de son art ;
sa réputation , depuis 1834 , s'est constamment affermie , et , au
prix qu'atteignent ses tableaux, on peut supposer que sa fortune n'a
pas périclité. Qu'avait-il donc à regretter et pourquoi frappait-il
d'anathème la peinture de chevalet ? N. Poussin n'en a pas fait
beaucoup d'autre , Rembrandt s'y est immortalisé ; or, indépendamment de cette communauté de travail avec ces grands maîtres,
la peinture de chevalet de Decamps , généralement recherchée, lui
a épargé l'ennui des démarches qu'il est indispensable de faire pour
obtenir de grands travaux. Au lieu de se faire solliciteur, c'est lui
qui se voyait sollicité ; quelle chance est plus favorable à l'indépendance du caractère et du talent d'un artiste ? »

Cette *Bataille des Cimbres* que Decamps considérait comme « le
sujet caractéristique de la voie qu'il comptait suivre » fit beaucoup
de bruit au Salon de 1834. « Quelques-uns, — dit-il dans sa lettre à
M. Véron , — le petit nombre , la parcelle approuvèrent fort ; mais
la multitude , l'immense majorité qui fait la loi , n'y put voir qu'un
gachis , un hâchis , suivant l'expression d'un peintre alors célèbre.»
— Ce tableau n'est en réalité que l'esquisse d'un sujet que Decamps
se proposait de reproduire sur une vaste toile ; il a été composé en
dehors de toutes les règles ordinaires de la peinture de batailles. Au
lieu d'un épisode occupant le milieu de la toile et dont tous les autres détails ne sont que l'accessoire, l'artiste a mis sous nos yeux
une immense mêlée , un effroyable carnage ; au lieu de quelques
figures historiques résumant pour ainsi dire tous les combattants ,
deux nations en présence, deux armées qui se heurtent et se précipitent à travers les roches et au fond des ravins d'un paysage vi-
goureusement accusé. C'est bien là une lutte de barbares aux prises
avec la civilisation, — l'extermination de deux cent mille géants du
Nord, farouches et indisciplinés, fuyant devant les légions de Rome
et succombant sur la terre qu'ils venaient envahir. Saisissante dans
son ensemble , cette composition , peinte avec une *furia* toute magistrale , abonde en détails et en incidents dramatiques. Des cadavres amoncelés , des armes brisées , des machines de guerre , des
catapultes tendues pour lancer des quartiers de roc , des chevaux
effarés qui se cabrent et hennissent , des charriots à bœufs chargés
de femmes ardentes , échevelées, qui excitent par leurs cris le cou-
rage défaillant des guerriers Cimbres et qui , dans la défaite, jettent
leurs enfants sous les roues des chars , préférant les voir mourir

que devenir esclaves ; — et, au milieu de cette boucherie humaine, le héros de la journée, Marius, vêtu de la pourpre consulaire, monté sur un cheval superbe, pressant du geste et de la voix l'élan de son armée victorieuse.

L'exécution a quelque chose de véhément, et nous oserons dire de brutal, qui répond bien au caractère presque sauvage du sujet. Le ciel a un éclat extraordinaire que rehaussent encore de fantastiques nuages qui projettent sur le champ de bataille des ombres sinistres parallèles à l'horizon.

Decamps a traité le même sujet ou plutôt une portion du même sujet, — *Un Episode de la défaite des Cimbres*, — dans un dessin d'un grand caractère que quelques critiques n'hésitent pas à préférer au tableau ; la composition en est plus savante suivant eux, l'unité plus complète, le style plus élevé. — Les Barbares viennent d'être forcés dans leurs retranchements ; leurs cohortes impuissantes ont été rompues par le choc terrible des escadrons romains qui déploient au loin dans la plaine, jonchée de cadavres, leurs lignes inflexibles. Sur le devant, un cavalier cimbre, lancé à toute bride et la tête tournée en arrière, protége, le sabre à la main, la fuite d'un immense charriot sur lequel sont entassées des femmes éplorées ; c'est là le sujet principal de la composition : il captive l'attention autant par l'intérêt dramatique de l'épisode que par la puissance merveilleuse du dessin. On ne saurait assez louer surtout le mouvement superbe du cavalier barbare placé au premier plan.

C'est principalement dans la Bible que Decamps a puisé les motifs de ses compositions historiques : nul n'a su traduire avec plus de hardiesse et d'originalité les poétiques récits de l'Ancien Testament ; le premier entre les peintres de l'Histoire sacrée, il a eu le talent de conserver aux personnages leur caractère antique, aux sites leur couleur locale. Cette puissance d'interprétation, cette élévation de style, ce respect de la vérité éclatent surtout dans les neuf cartons où l'artiste a retracé la *Vie de Samson*, — simples dessins qui valent pour l'effet et le relief la peinture la plus colorée.

Les exploits de l'Hercule hébreux étaient bien faits pour inspirer Decamps ; nous en avons tous lu avec intérêt l'émouvante légende :

« Or, il y avait un homme de Saraa, de la tribu de Dan, nommé Manoé, dont la femme était stérile.

« Et l'Ange du Seigneur apparut à sa femme et lui dit : Tu es stérile et sans enfants, mais tu concevras et enfanteras un fils.

• Prends bien garde de ne point boire de vin ni rien de ce qui peut enivrer, et de ne manger rien d'impur,

« Parce que tu concevras et enfanteras un fils dont le rasoir ne touchera pas la tête, car il sera Nazaréen, consacré à Dieu dès son enfance et dès le sein de sa mère, et c'est lui qui commencera à délivrer Israel de la main des Philistins....

« .... Manoé prit un chevreau et des libations et il les mit sur une pierre.... Lorsque le feu montait vers le ciel, l'ange du Seigneur y monta aussi au milieu des flammes ; ce que Manoé et sa femme ayant vu, ils tombèrent le visage contre terre. »

Ici commence la série des dessins : Manoé et sa femme écoutent, prosternés et terrifiés, les paroles prophétiques de l'ange qui s'élance des tourbillons de fumée de l'holocauste. Le lieu de la scène est une solitude aride avec un fond de montagnes dénudées.

Le second dessin représente l'enfant inespéré, — déjà grand et que le Seigneur a béni, — aux prises avec un lion qu'il terrasse et déchire « comme si c'eût été un chevreau, sans avoir rien à la main. » Les muscles crispés du jeune athlète et les formes vigoureuses de la bête sont accusés avec une science parfaite de l'anatomie.

Dans la troisième composition, Samson, traîtreusement détenu par les habitants de Gaza, arrache les portes de la ville avec gonds et verroux et les emporte sur ses robustes épaules ; il semble à peine courbé par cet énorme fardeau, et gravit, d'un pas dégagé, la pente rapide des montagnes qui entourent Gaza. Son évasion est favorisée d'ailleurs par une nuit pleine d'ombre et de mystère.

Dans sa haine contre les Philistins, le héros juif sait se montrer plaisant ; mais ses plaisanteries sont terribles : il a imaginé d'accoupler deux à deux trois cents renards à la queue desquels il attache des torches enflammées, et il les lance dans les champs de ses ennemis « et le feu consuma jusqu'aux vignes et aux plants d'olivier. » Un vent impétueux attise l'incendie dont les flammes brillent sous un ciel nuageux. Samson, dans une pose d'une indolence tout orientale, suit avec une curiosité maligne les progrès du feu.

Le voici maintenant au milieu même de ses ennemis auxquels il a été livré par trahison ; l'esprit du Seigneur s'empare tout-à-coup de lui ; il brise les liens dont il a été chargé, bondit comme un taureau furieux et assomme mille Philistins avec un mâchoire d'âne qu'il a ramassée à terre : semblable à un moissonneur robuste qui fauche sans pitié les épis blondissants, le colosse hébreux accomplit son œuvre de destruction avec une énergie irrésistible et en même temps avec un calme imperturbable que lui donne la conscience de sa force.

Le sixième dessin nous fait voir Samson s'élançant hors de la couche de Dalila au cri de : « Voilà les Philistins ! » Les cordes neuves avec lesquelles sa perfide maîtresse l'a attaché pendant son sommeil se rompent « comme le lin à l'approche du feu. » L'athlète est prêt à écraser encore une fois ses ennemis. Dalila, accoudée sur son oreiller, sourit hypocritement à cette preuve d'une vigueur dont nul autre que Samson ne connaît encore le secret. — Tous les détails de cette composition sont traités de main de maître ; les draperies sont étudiées avec soin et les ombres en demi-teinte sont d'une finesse extrême.

Mais « le fort des forts » n'a pas su résister aux séductions d'une faible femme : il a confié à Dalila que toute sa vigueur dépendait de la longueur extraordinaire de ses cheveux. La courtisane vénale profite du sommeil de son amant pour le dépouiller de sa puissante chevelure et le livre, ainsi humilié, sans défense, aux Philistins, qui le chargent de chaînes et l'emmènent à Gaza où ils le condamneront aux travaux les plus vils. Dalila, ses ciseaux à la main, regarde d'un air moqueur et dédaigneux passer sous sa fenêtre le terrible athlète qu'elle a réduit, par son odieuse perfidie, à n'être plus qu'un homme vulgaire.

Enfermé dans la tour obscure d'un moulin et penché sur la barre de bois d'un manège, Samson tourne d'un mouvement puissant la lourde meule ; sa chevelure n'a plus l'ampleur d'autrefois, mais elle commence à repousser cependant, et l'on devine aux saillies vigoureuses de l'épaule que la force renaît peu à peu dans les muscles du prisonnier. Derrière une fenêtre grillée de la tour apparaissent vaguement quelques Philistins qui se délectent à voir l'ennemi qu'ils n'ont pu vaincre que par trahison, assujetti à un rude et avilissant labeur.

Un véritable chef-d'œuvre clot la série des dessins que Decamps à consacrés à raconter la *Vie de Samson*. C'est la composition qui représente l'hercule israélite, toujours aveugle, mais redevenu fort comme autrefois, — embrassant dans une étreinte toute puissante et ébranlant les colonnes d'un temple où les Philistins l'ont amené dans le but d'en faire l'objet de la risée du peuple assemblé pour célébrer, par des festins, une fête du dieu Dagon. — Nous renonçons à décrire le tumulte, le chaos que l'artiste a su représenter, avec un talent prestigieux, dans ce magnifique dessin : les voûtes du temple s'affaissent, d'énormes blocs se détachent de tous côtés, se heurtent et se brisent dans le choc ; au milieu de cette avalanche de pierres, les convives haletants, éperdus, blêmes d'épouvante, courent, se précipitent , se culbutent. Les femmes crient et se pâment ; d'autres, saisies de vertige , essaient vainement de se soustraire à la catastrophe en s'élançant du haut des fenêtres. C'est un sauve-qui-peut général , une inexprimable confusion ; et telle est l'illusion produite par l'aspect de ce désordre si merveilleusement rendu , que le simple spectateur se sent comme gagné par la panique et se rejette involontairement de côté pour laisser passer un jeune garçon qui franchit d'un saut les degrés du péristyle et bondit en avant hors du cadre. — Indépendamment des qualités extraordinaires de mouvement que présente cette turbulente composition , on ne saurait assez louer le cachet vraiment oriental et biblique dont les détails de costumes et d'architecture sont marqués.

Il est bien regrettable que le gouvernement ou quelque opulent Mécènes n'ait pas confié à Decamps l'exécution à la fresque ou même à l'huile, de ces neuf dessins : de pareilles compositions , rehaussées de tous les prestiges de la couleur, eussent assurément compté parmi les merveilles dont s'énorgueillit l'art moderne.

Les quelques peintures bibliques que nous avons de Decamps attestent toutes , malgré leur cadre restreint, la même verve, la même originalité de style , le même sentiment de la poésie sacrée. Ce ne sont pas là , à bien dire , des compositions purement historiques ; le paysage y occupe même une très-large place ; mais on ne saurait en faire un reproche au maître qui a su peindre avec tant de grandeur et de vérité locale les sites où se sont passées les scènes de l'Ancien et du Nouveau Testament.

Le *Joseph vendu par ses frères* est, sans contredit, l'une des pages les plus brillantes qui soient sorties du pinceau de Decamps (1). Au milieu d'un paysage sablonneux , inondé par la pure et étince-

(1) L'histoire de ce chef-d'œuvre est curieuse. Decamps, reçoit en 1838 , la visite d'un riche amateur hollandais qui désire un tableau du jeune maître , lui laissant toute liberté pour le sujet , la dimension , le prix. Decamps passe tout un an à faire *Joseph* et veut le vendre à meilleur marché encore que Joseph ne fut vendu par ses frères ! Mais voyez la bizarrerie ! Le tableau arrivé à La Haye ne plaît pas à l'amateur, qui est célèbre pourtant , le colonel C***. Decamps, fait revenir tristement son tableau et le duc d'Orléans apprend la chose. Il se fait apporter l'œuvre et en donne sur le champ les 5,000 francs timidement demandés par l'artiste. Or, à la vente de la duchesse d'Orléans , en 1852, ce tableau , disputé par divers lords, accapareurs millionnaires, et deux musées étrangers , a été adjugé à M. le docteur Véron pour 38,000 fr. sans les frais. Est-ce trop cher? Non , assurément, et ce prix fait encore des envieux. Et d'ailleurs , par les hivers qui sévissent , même durant l'été , sur

lante lumière de l'Orient, les fils perfides de Jacob livrent leur frère à un marchand d'esclaves. — Les apôtres des vieilles traditions académiques trouveront, je le sais, que l'artiste a eu tort de reléguer ce groupe au second plan et de le sacrifier quelque peu aux magnifiques chameaux qui occupent le centre même de la composition, voire même à la femme du premier plan qui puise de l'eau à une source pour abreuver sans doute les vaillantes bêtes de somme. Mais ce que ce tableau perd en unité et en grandeur épique, ne le rachète-t-il pas amplement par l'harmonieuse beauté des détails, et, si le sujet mis en scène nous semble un peu effacé, ne sommes-nous pas éblouis par la splendeur féerique des décors? Un ciel d'une légèreté et d'un éclat incomparables, une atmosphère qui semble rouler des atomes de feu, un lointain merveilleux avec des montagnes crayeuses, dépouillées de verdure, estompées de vapeurs bleuâtres.

Ce n'est pas non plus une œuvre classique que le *Moïse sauvé des eaux*, et cependant qui pourrait reprocher à cette mignonne composition de manquer de grandeur et de style? N'est-ce pas un groupe charmant que celui de la fille de Pharaon, entourée de ses suivantes et recueillant, avec une curiosité toute féminine et une tendresse presque maternelle, l'enfant d'une race proscrite? Le Nil sur lequel a été exposé le berceau du futur législateur d'Israël, coule avec une placidité perfide, réfléchissant dans ses eaux transparentes un ciel d'or et d'azur. Des constructions pittoresques s'élèvent sur la rive et complètent par leurs lignes antiques, la physionomie de ce paysage égyptien.

Dans le tableau d'*Eliézer et Rebecca*, — ainsi que dans le *Moïse sauvé des eaux*, — les personnages, quoique de proportions très-réduites, ont une noblesse d'attitudes et une élégance de formes qui sont du plus grand style. Eliézer, le fidèle serviteur d'Abraham, venu de la terre de Chanaan pour chercher l'épouse que Dieu a destinée à Isaac, reconnaît, à sa grâce pudique et à ses prévenantes manières, la fille de Nachor, Rebecca, comme étant celle que le Très-Haut a désignée lui-même pour perpétuer la race d'où sortira son fils. La jeune et belle Assyrienne, entourée de ses femmes, reçoit avec une modestie charmante l'anneau nuptial que lui présente Eliézer. A quelque distance, sont arrêtés les chameaux qui apportent les riches présents du patriarche. — Le paysage n'a

notre pays frissonnant, peut-on payer trop cher le plaisir d'avoir chez soi une sorte de fenêtre ouverte sur ce brûlant et radieux Orient? C'est un tableau calorifère. — Jules LECOMTE.   (*Indépendance belge.*)

pas la morne aridité des landes hébraïques : nous sommes en Méso-
potamie, dans le voisinage de cet Eden merveilleux qu'habitèrent
nos premiers parents ; la terre est tapissée de verdure ; au premier
plan, une source dont un rayon de soleil effleure le miroir, dort
dans le creux d'une citerne. Un essaim nombreux de jeunes filles
qui viennent d'y remplir leurs urnes, retourne à la ville dont les
hautes tours et les remparts massifs couronnent une colline, vers
la gauche.

La toile de *Jésus et le Centenier*, — qui a figuré à l'Exposition
du boulevard des Italiens, en 1860, — est peu connue ; c'est
pourtant l'une des meilleures que Decamps ait produites dans le
genre semi-historique. Jésus accompagné de ses disciples et d'une
grande foule de peuple, suit un sentier pittoresque qui mène à
Capharnaum. Un Centenier s'étant approché de lui, se prosterne à
ses pieds et lui fait cette prière : « Seigneur, j'ai dans ma maison un
« serviteur qui est couché, étant malade d'une paralysie dont il est
« extrêmement tourmenté.»—Jésus lui dit : « J'irai moi-même et je
« le guérirai. » — Mais le Centenier lui répondit : «Seigneur, je ne
« mérite pas que vous entriez dans ma maison ; mais dites seulement
« une parole, et mon serviteur sera guéri... » — Jésus l'entendant
ainsi parler, en témoigna de l'admiration à ceux qui le suivaient :
« En vérité, je vous le dis, je n'ai point trouvé une si grande foi
« dans Israël....» — Puis, Jésus, dit au Centenier : « Allez et qu'il
« vous soit fait selon que vous avez cru. » Et à cette heure là-même
le serviteur fut guéri. (Saint-Mathieu, VIII, v. 4.) — Le peintre a
enveloppé les personnages de cette scène d'un demi-jour mystérieux
qui ajoute à la majesté du sujet. Les tours de Capharnaum se
dressent dans le fond, revêtues d'une teinte chaude et poétique.

La *Pêche miraculeuse* est une véritable merveille de couleur.
Le soleil, près de disparaître à l'horizon, répand sur les montagnes
et sur les eaux paisibles du lac de Génésareth, des lueurs éclatantes.
Jésus, placé dans une barque qui lui a servi de tribune pour ins-
truire le peuple assemblé sur le rivage, a commandé aux pêcheurs
de jeter leur filet. « L'ayant jeté, ils retirèrent une si grande quan-
tité de poissons que leur filet se rompait. Et ils firent signe à leurs
compagnons qui étaient dans une autre barque, de venir les aider.
Ils vinrent, et ils emplirent tellement les deux barques qu'elles
étaient près de couler à fond. (Saint Luc, IV, v. 4.) » On ne saurait
imaginer une composition d'un sentiment plus poétique, une peinture d'une touche plus fière et plus spirituelle. Les cavaliers, campés
sur le bord du lac, vers la gauche, ont une tournure superbe; ils
sont dignes du pinceau de Salvator Rosa.

Parmi les autres compositions de Decamps qui se rattachent à l'histoire, citons encore : — Un dessin très-vigoureux représentant le *Siège de Clermont*, sujet emprunté à l'histoire de la Gaule méridionale de Fauriel ; — *Josué arrêtant le soleil*, scène tumultueuse, admirablement conçue ; — *Samson combattant les Philistins*, petite esquisse vaillamment touchée et qui n'est pas indigne des neuf cartons que nous avons décrits ; — *la Fuite en Egypte*, charmant tableautin d'un coloris frais et clair ; — et enfin toute une série de peintures brillantes qui ont été comprises dans la vente des œuvres posthumes du maître : *le bon Samaritain*, *Job et ses amis*, *le Christ au prétoire*, *Saül poursuivant David*, *la Fuite de Loth*, *Jésus et les pélerins d'Emmaüs*, *Jésus et la Samaritaine*, et le *Repos de la Sainte-Famille*. (1)

(1) Voici, d'après la *Gazette des Beaux-Arts*, la description de celles de ces esquisses qui ont le plus attiré l'attention :

Le bon Samaritain. — Des serviteurs portent des blessés vers un escalier de pierre qui conduit à l'hôtellerie, tandis qu'un autre retient, par la bride, les chevaux du Samaritain. Divers personnages regardent des fenêtres ou du haut du palier. Au fond sont de grands bâtiments traversés par une galerie voûtée dont l'entrée est frappée par le soleil. — C'était la toile la plus complète.

Job et ses amis. — Job, couché sur un fumier, s'indigne contre ses amis. L'un, appuyé sur une auge de pierre, semble discuter avec lui ; un autre, se défendre de ses reproches. Près d'eux, un serviteur les escorte, tandis qu'un autre porte de l'eau dans la maison. La femme de Job, arrêtée au haut d'un escalier, se penche et raille sa misère. Au fond est la cour intérieure d'une riche construction et vivement éclairée par le soleil. C'était là, je pense, le sujet commandé à Decamps, en 1849, par le gouvernement.

Saül poursuivant David. — Au milieu d'une vallée formée par des montagnes en terrasse, Saül, accompagné d'une suite nombreuse, désigne à ses soldats David debout sur des rochers qui dominent une rivière.

Le Christ au prétoire. — Le Christ est assis, les mains liées, dans une cour entourée de hautes murailles, au milieu de soldats ; l'un d'eux se penche pour lui cracher au visage, d'autres l'insultent de leurs rires. — Decamps avait repris ce tableau commencé depuis vingt ans, et dont M. Moreau possède un fusain magistral. Quelques jours avant sa mort, il le fit passer au savon noir par son domestique, de sorte qu'il n'en reste plus que les dessous que le temps avait émaillés.

L'ânesse de Balaam. — Vers le soir, et au milieu d'un paysage coupé par de hautes montagnes de granit, un ange, vêtu de blanc, se dresse devant le faux prophète, qui frappe son ânesse pour la faire avancer. A gauche, la fumée des tentes des princes moabites monte en spirale de la vallée vers le ciel.

La fuite de Loth. — Loth fuit la ville enflammée ; ses deux filles le suivent, escortant un âne ; l'une pleure et l'autre porte sur sa tête une corbeille pleine d'objets précieux. On aperçoit derrière eux la femme de Loth, déjà changée

On ne saurait nier que Decamps ait déployé, dans ces ouvrages, un sentiment historique des plus élevés et de rares qualités de style; il est donc permis de croire que cet éminent artiste eût obtenu de véritables triomphes dans la carrière épique, s'il s'y fût définitivement lancé; mais il y aurait rencontré aussi de redoutables rivaux auxquels il lui eût été difficile d'enlever la palme, tandis que, dans le genre à part qu'il s'est créé, il est arrivé à la perfection et à la primauté!

Paysages et sujets orientaux. — L'Orient, berceau du monde, théâtre des plus sublimes épopées qui aient passionné l'humanité, était resté pour nous, — habitants des froides régions du Nord, — une terre vierge et incomprise dont les peintres les plus consciencieux altéraient, comme à plaisir, la physionomie. Il a fallu un artiste puissant et original, comme Decamps, pour nous initier aux merveilles de cette splendide contrée. — Son génie libre et audacieux était bien fait pour sentir la poésie d'une pareille nature et pour en fixer sur la toile les éblouissantes beautés. Il ne lui suffit pas, en effet, d'avoir mis le pied sur un terrain inexploré et d'avoir découvert des perspectives inconnues aux autres peintres; il inventa les procédés d'exécution propres à traduire le côté pittoresque de ce pays si neuf, si complètement différent du nôtre. Il créa pour tout dire une nouvelle manière de peindre admirablement adaptée au sujet. Dieu sait combien d'artistes et de littérateurs se sont élancés sur ses traces et ont visité l'Orient après lui! En est-il un seul qui ait démenti la fidélité de ses tableaux, — disons mieux, qui n'ait proclamé l'illusion prestigieuse de ses effets et la pénétration

en statue de sel. — Cette toile, unique dans l'œuvre pour l'importance donnée aux figures, était d'un ton extraordinairement faux. Mais l'on sait que Decamps se préoccupait peu des dessous. Dans ces derniers temps surtout, il aimait à peindre sur des toiles ébauchées par d'autres.

Polyphème. — Polyphème gravissant les rochers du rivage, élève à deux bras, au-dessus de sa tête, un quartier de roc. Debout à l'arrière de la galère, Ulysse le brave encore, tandis que ses compagnons, éperdus, hissent la voile et poussent au large à l'aide de crocs.

L'enchère atteinte par ce tableau, ajoute la *Gazette des BeauxArts*, a été couverte d'applaudissements. Il est certain que c'est un des plus beaux paysages historiques qu'ait produits notre école, et nulle part on ne peut voir un plus parfait accord entre les paysages et la nature, si ce n'est dans les œuvres de N. Poussin.

Entre autres ouvrages historiques, qui ont paru à la même vente, il faut citer encore, comme des morceaux hors ligne, le dessin de *Josué arrêtant le soleil* et celui de *Marie et la fille de Pharaon.*

surprenante avec laquelle il a saisi jusqu'aux moindres détails de
types et de costumes?

Nous avons vu qu'il débuta en exposant au Salon de 1827, un
Soldat de la garde d'un visir. Ce premier essai fut peu remarqué, mais il indiquait clairement la tendance du jeune peintre à
des nouveautés anti-classiques. Aussi, l'auteur d'un Dictionnaire
d'artistes contemporains qui parut en 1830, — tout en ne consa-
crant que deux ou trois lignes à Alexandre Decamps, *peintre
d'histoire*, — ne crut-il pouvoir mieux caractériser le débutant
qu'en disant de lui qu'il avait « le regard tourné vers l'Orient. »

Dans la *Ronde de Smyrne* (1) et la *Maison turque* qui parurent
au Salon de 1831, Decamps ne se borna point à jeter un coup-
d'œil sur les mystérieuses régions du Levant, il nous transporta au
cœur même de ce pays du soleil et nous fit pénétrer dans l'intimité
de la vie asiatique.

La façade postérieure d'une *Maison turque* dont les murs,
enduits d'un crépi rugueux et éclatants de blancheur, se mirent
dans l'eau ; quelques barques bercées par de molles ondulations ;
une atmosphère embrasée qui répand sur tout le paysage des tons
chauds et harmonieux : — rien de plus simple que ce motif, et
pourtant rien de plus saisissant ; le véritable Orient se reflétait
pour la première fois et resplendissait dans cette toile. Ce fut tout
une révélation que le public accueillit avec autant d'admiration que
de surprise.

La *Maison turque* nous fit faire connaissance avec le soleil d'Asie,
la *Ronde de Smyrne* eut un caractère de nouveauté plus attrayant
encore en ce qu'elle nous initia aux singularités de types, de
mœurs et de costumes des Orientaux. Le cadji-bey (chef de la police),
poussa ventru et joufflu, vêtu d'un cafetan rose et la tête ceinte
d'un gigantesque turban, fait sa tournée du soir dans les rues de
Smyrne ; il est posé avec une assurance et une gravité tout-à-fait
orientales sur un petit cheval barbe qui galope allègrement. Des
soldats hâves et efflanqués, tout hérissés de poignards et de pis-
tolets, suivent leur chef au pas de course ; les drôles ont à cœur
de ne pas se laisser distancer : ils bondissent à qui mieux mieux
et font avec leurs jambes grêles des écarts prodigieux. Auriol lui-
même applaudirait à l'enjambée formidable qu'un nègre, à droite,
fait par dessus une marche d'escalier. Aucun passant, heureusement,
ne s'est attardé dans la rue : il eût été impitoyablement renversé.
Quelques femmes, à la fenêtre ou sur la terrasse de leur maison,

(1) Connue encore sous le titre de *Ronde du cadji-bey de Smyrne* ou de *Patrouille
turque*.

regardent, d'un air distrait et somnolent, passer cette turbulente patrouille. — Toute cette scène est peinte avec infiniment de verve : les attitudes sont énergiques, naïves et vraies, malgré l'exagération du mouvement ; cette exagération même est un mérite en ce qu'elle fait ressortir le coté amusant et comique des personnages.

Decamps excelle à peindre les physionomies de soldats turcs ; il en rend à merveille l'expression servile, la placidité farouche. L'*Intérieur d'un corps de garde*, exposé en 1834, est un chef-d'œuvre du genre ; on ne sait d'ailleurs ce qu'il faut le plus louer dans cette toile de l'étrangeté des types, du pittoresque des costumes, de la beauté et de la finesse de la couleur. Il y a surtout vers la gauche un recoin lumineux dont l'œil fouille avec délices la limpide profondeur.

La lecture d'un firman, qui remonte à la même époque, offre une collection de figures également intéressantes. Avec quel flegme et quelle dignité grotesque le lecteur s'acquitte de sa tâche et comme toutes les têtes, tournées vers lui, sont sérieuses, résignées, impassibles !

Les *Bourreaux turcs*, au nombre de trois, arrêtés devant la porte d'une prison, ont une vraie tournure de bandits, et leur physionomie est empreinte d'une brutalité féroce qui fait frémir : l'un d'eux surtout, sec et rébarbatif, a un faux air de hyène affamée ; ses regards étincellent, ses narines se dilatent comme à l'odeur du sang.

Il semble tout d'abord qu'il n'y ait dans le célèbre tableau du *Boucher turc* qu'une muraille blanche dont l'éclat éblouit ; mais, quand l'œil s'est habitué à cette intensité brûlante, on distingue, dans l'enfoncement obscur d'une boutique, le boucher debout derrière ses balances ; il fume paisiblement son chibouck en attendant la pratique. Un foie saignant est suspendu au mur ; au pied de l'étal, dort un chien rogneux, et une chèvre se démène avec inquiétude comme si elle comprenait le sort qui l'attend en pareil lieu. Près de là, une femme voilée et un enfant passent sans bruit. — Jamais Decamps n'a poussé plus loin la perfection du détail, la magie de l'effet, le prestige du coloris.

Le *Bazar Turc*, est une merveille aussi. — Dans une ruelle étroite, bordée de chétives boutiques, coulent des flots de promeneurs de tout sexe, de toute condition, de tous pays. Mais telle est la sagacité, telle est l'exactitude apportée par l'artiste dans la peinture des types, des attitudes et des costumes, que l'on pourrait, sans craindre de se tromper, assigner à chaque personnage de cette

foule bariolée, son rang et sa nationalité ! Ce gros homme immo-
bile qui aspire les bouffées odorantes de son narghilé avec l'im-
passibilité d'un demi-dieu, est un turc de la vieille roche. Est-il
besoin de vous apprendre que ces gens affairés qui causent et ges-
ticulent, sont des Arméniens, des Grecs et des Juifs? Vous recon-
naissez ces derniers à leurs traits anguleux, à leurs regards obliques.
Quant aux femmes arrêtées devant les boutiques, — le yachmack
épais qui cache leur visage et le féredgé dans lequel elles se drapent,
disent assez que ce sont des Musulmanes. Hommes et femmes sont
venus là, pour la plupart, — on le comprend à leurs allures dé-
sœuvrées, — moins pour trafiquer que pour chercher un abri contre
les rayons brûlants du jour. Des traverses de bois et des nattes jetées
d'une maison à l'autre, ne laissent pénétrer dans la rue que de
minces faisceaux lumineux dont la projection étincelante forme avec
la fraîcheur des ombres le contraste le plus énergique et le plus
pittoresque. (1)

(1) Il y a tout lieu de croire que Decamps a voulu représenter dans ce tableau l'une des nombreuses ruelles du grand bazar de Smyrne, désigné par
les Orientaux sous le nom de *Bezestin*. Un des princes de la critique d'art,
qui est en même temps l'un de nos écrivains les plus colorés, Théophile
Gautier, a fait de ce même bazar une peinture à la plume qui peut soutenir
la comparaison avec la toile du maître. Nous ne pouvons mieux faire que de
détacher cette page brillante du *Voyage à Constantinople* et de la reproduire ici :

« Le Bezestin se compose d'une infinité de petites rues bordées de boutiques ou plutôt d'alcôves à mi-hauteur, dans lesquelles se tiennent des mar-
chands accroupis ou couchés, fumant ou dormant, ou bien encore roulant
sous leurs doigs le comboloio, espèce de chapelet turc formé de cent grains
qui correspondent aux cent noms ou épithètes d'Allah. Avec la main, le
marchand peut atteindre à tous les angles de son magasin ; les acheteurs se
tiennent dehors et les transactions se concluent sur l'étal. Rien de moins
luxueux, comme vous voyez, que ces boutiques formées d'un trou ou carré
pratiqué dans une muraille ; mais elles n'en contiennent pas moins des étoffes
précieuses, de belles armes, des selles magnifiques et des chefs-d'œuvre de
broderie d'or et d'argent.

« De même qu'à Constantine où ce détail m'avait frappé jadis, les rues du
Bezestin sont ombragées de planches posées à plat sur des poutrelles transver-
sales, mais avec quelque espace entre elles, autrement on n'y verrait plus.
Ces interstices laissent filtrer le soleil qui zèbre le sol de barres éclatantes et
produit les effets de clair-obscur les plus bizarres et les plus inattendus : un
homme qui passe sous un de ces rayons reçoit une touche de lumière sur le
nez comme un portrait de Rembrandt ; le féredgé d'une femme s'allume comme
une flamme rose ; un narghilé frappé d'une paillette reluit comme un mon-
ceau d'escarboucles, et les richesses de la caverne d'Ali-Baba semblent flam-
boyer au fond d'une boutique de confiseur. »

Ce dernier paragraphe ne renferme-t-il pas la description la plus exacte⁻

Le *Café-Turc*, comme la plupart des cafés d'Asie-Mineure, est situé au bord de l'eau ; ce n'est pas autre chose d'ailleurs qu'un méchant petit pavillon soutenu par deux colonnes. Quelques graves Musulmans y sont installés et s'y livrent aux douceurs du *kief*. — En regardant cette toile, vous vous sentez involontairement gagné par une délicieuse impression de fraîcheur et de paix ; tant de sérénité et de calme vous séduit, vous captive ; vous vous associez par l'imagination aux délices de la vie silencieuse et contemplative des Orientaux. Vous pénétrez dans le petit pavillon ; on vous sert une tasse de moka que vous savourez lentement ; la fumée du tombecki qui s'échappe de votre narghilé, vous cause une douce ivresse. Nul causeur importun ne vient vous arracher à votre rêverie ; vous n'entendez d'autre bruit que le murmure de l'eau qui coule à vos pieds.....

A cette composition si recueillie et si mystérieuse, on ne saurait opposer une scène plus gaie, plus bruyante que la *Sortie de l'école turque*. — Par la porte entr'ouverte de la cage, la gent écolière prend joyeusement sa volée ; c'est un pêle-mêle amusant et gracieux, un fourmillement de têtes charmantes, de minois éveillés et mutins. Les gamins turcs ne le cèdent en espièglerie et en pétulance à ceux d'aucun autre pays : voyez plutôt comme ils se pressent, comme ils se poussent, comme ils se bousculent !... — Cette page si justement célèbre, n'est pourtant qu'une aquarelle, mais un tableau à l'huile n'aurait pas plus de relief et d'éclat.

Decamps a peint plusieurs Ecoles turques ; celle qu'il a exposée en 1846 et qui est aujourd'hui la propriété de M. le marquis Maison, se fait remarquer par la vigoureuse opposition des clairs et des ombres. Un rayon de soleil qui s'insinue par une fenêtre basse, éclaire vivement le fond, tandis que le premier plan, où sont groupés les jeunes élèves, est envahi par une pénombre que l'on voudrait plus transparente. Sauf le pédagogue qui ne manque pas de relief, les personnages s'ébauchent dans une demi-obscurité dont quelques reflets à peine viennent réchauffer la froide opacité. Mais, si l'on ne s'arrête pas aux détails trop atténués par cette exagération de l'ombre, on ne peut qu'être frappé de l'effet général qui a quelque chose de rembranesque.

qui puisse être faite du tableau de Decamps ? Rencontre curieuse, mais qui n'étonnera personne. Chacun sait en effet que Théophile Gautier voit la nature avec des yeux de peintre et que son style, merveilleusement nuancé, revêt les moindres détails d'éblouissantes couleurs. Nul n'a mis en pratique mieux que lui le précepte d'Horace : *Ut pictura poesis.*

Quels charmants bambins que les *Enfants turcs jouant avec une tortue* auprès d'une fontaine (1)! Que de naturel dans leurs poses et que de vérité dans leurs costumes! Leurs crânes soigneusement rasés, leurs tarbouchs à crinière de soie et leurs larges vestes brodées leur donnent un petit air vieillot qui leur sied à ravir. Le paysage qui les encadre est d'une clarté harmonieuse qu'on ne saurait assez admirer. — Decamps a traité deux fois, avec un égal succès, ce gracieux motif. M. Cuvillier-Fleury est l'heureux possesseur de la plus grande de ces deux toiles.

Le *Souvenir de la Turquie d'Asie* n'a pas l'éclat aveuglant de la plupart des paysages de Decamps; on y retrouve bien encore la muraille blanche, croustillante et empâtée, qui est comme une des signatures favorites du maître, mais elle ne *tire pas l'œil* et ne nuit pas à l'harmonie limpide et presque musicale de l'effet. Sur ce mur se détachent en silhouette quelques cavaliers qui galopent le long d'une eau transparente. Une femme suit la même route. Un derviche, assis sur un banc de pierre, à l'ombre d'une vigne, jette de ce côté un regard distrait et fume gravement son chibouck. Au second plan s'élève une tour adossée aux murailles et percée d'une porte qui donne accès dans quelqu'une de ces mystérieuses cités de l'Asie.

Rien de plus séduisant, de plus enchanteur que la vue de la *Rade de Smyrne*, exposée au boulevart des Italiens en 1860. Les murailles de la ville se reflètent dans l'eau qui baigne leur pied. Une atmosphère fraîche et sereine enveloppe le paysage d'une gaze argentée. Il se dégage de cette composition un charme doux et pénétrant qui fait rêver.

La même tranquillité d'effet nous captive dans la *Halte des cavaliers arabes*, l'une des œuvres les plus estimées de Decamps. — Les cavaliers, arrêtés au pied d'une grande muraille crénelée à son sommet, font boire leurs montures dans une auge de pierre. — Voilà tout le motif... Mais quelle puissance d'exécution! Quelle fermeté de touche! Quelle finesse de couleur!

Il pleut du feu dans le *Paysage d'Anatolie*? Le chemin qui s'ouvre, sur le devant du tableau, entre une double haie de cyprès noirs et de caroubiers trapus, a des reflets d'une ardeur intense. Au-delà s'étend, sous le ciel bleu, une plaine immense, tout inondée de soleil: un voyageur, monté sur un chameau, semble perdu au milieu de ce désert incandescent.

---

(1) On désigne d'ordinaire ce tableau sous le titre d'*Enfants à la tortue*

Un ciel chargé de nuages marmoréens et que l'on croirait maçonné, dépare quelque peu le joli tableau de la *Caravane*, exposé au Salon de 1833. Mais où trouver un air plus transparent, des murailles plus scintillantes, des terrains plus crayeux et plus savamment empâtés? On se sent perler la sueur au front rien qu'à regarder ce splendide paysage.

Nous serions tenté de reprocher aussi un excès de solidité au ciel d'outre-mer qui rayonne dans le tableau des *Anes d'Orient*. Cette charmante composition est exécutée d'ailleurs dans toutes ses parties avec un soin presque méticuleux. Mais il n'y a là rien qui choque : l'artiste a su nous intéresser aux moindres détails, aux masures pittoresques qui servent de fond, à un coin de muraille, aux moellons qui apparaissent dans les endroits où le crépi s'est effrité, au blanc pilier qui supporte l'angle d'un toit. Les ânes, groupés au premier plan, sont parfaits d'attitudes : l'un, planté sur ses quatre jambes, n'attend que le moment de se mettre en route ; un autre, s'est couché et rêve mélancoliquement (si tant est que les ânes rêvent) ; le troisième allonge le cou et se met à braire. L'ânier, — un jeune gars bruni par le soleil, — laisse errer devant lui son regard nonchalant ; il semble attendre que quelque voyageur vienne lui louer ses bêtes. — Tout cela est on ne peut plus vrai : c'est la nature prise sur le vif.

Le nombre de tableaux, d'aquarelles, de dessins que Decamps a consacrés à l'Orient est considérable. Pour compléter l'examen rapide que nous venons de faire de cette partie capitale de son œuvre, il nous resterait à décrire d'éminentes compositions ; mais, malgré tout notre bon vouloir, nous ne saurions remplir cette lacune ; ces ouvrages, dispersés dans des galeries particulières d'où ils n'ont pas même été exhumés à l'occasion de la grande Exposition de 1855, ne sont guère connus que de réputation. Nous mentionnerons, du moins, les plus célèbres : les *Kaïdgis* (bateliers turcs), dont on a beaucoup admiré la hardiesse d'allures ; — le *Supplice des crochets*, scène de mœurs peinte avec une verve étourdissante ; — la *Cavalerie turque traversant un gué*, splendide aquarelle qui, à la vente de la collection de lord Seymour, en 1860, a atteint le prix de 16,900 fr., prix qui pourra paraître exorbitant, mais que justifie pleinement, dit-on, la valeur artistique de l'œuvre.

Scènes de Chasse et Animaux. — Decamps n'est pas un *animalier* à la façon de Troyon et de Rosa Bonheur : artiste vraiment universel, il a peint, avec un remarquable esprit d'observation, une foule d'animaux d'espèces différentes ; mais, bien que nul n'ait connu mieux que lui leur structure, leurs mœurs, leurs instincts, — il ne s'est jamais attaché à les mettre en relief, il ne les a employés que comme accessoires, comme *meubles*, dans ses compositions.

Les chevaux et les chameaux qui figurent dans les pages nombreuses que lui a inspirées l'Orient, n'en sont pas moins des merveilles de dessin et de couleur : — les premiers sont magnifiques de vigueur, de souplesse, d'élégance ; tout décèle en eux la noble race arabe. Les seconds, plus étranges de formes, ont, dans leurs allures, quelque chose de la gravité orientale ; comme les placides Musulmans auxquels ils servent de bêtes de somme, ils sont compassés, nonchalants, presque rêveurs : de tels animaux sont bien faits pour servir de tels maîtres.

Quant aux *Anes* d'Orient, dont nous parlions tout à l'heure, ils ne sont pas moins fidèlement et savamment peints ; leur pelage grisonnant est rendu à merveille. « L'âne turc est fataliste, » dit quelque part Th. Gautier ; on est presque de l'avis de l'écrivain-voyageur en voyant la mine béate et résignée que l'artiste a donnée à ses trois paisibles roussins. — Les ânes français sont moins débonnaires ; Decamps nous en a tracé, au crayon et au pinceau, maintes *portraictures*, spirituellement touchées.

L'*Ane et les chiens savants*, — une des plus grandes toiles du maître (1), — n'obtinrent qu'un succès médiocre à l'Exposition universelle, malgré des qualités incontestables de facture et de verve comique. Cela n'a rien qui étonne, si l'on songe combien de chefs-d'œuvre, nés du même pinceau, avaient alors le privilége d'absorber l'attention. Le peu de réputation de ce tableau n'a pas empêché d'ailleurs, qu'il ait atteint le prix énorme de 27,000 francs, lors de la vente récente de la collection Albert, dont il faisait partie. L'acquéreur a été M. le baron de Rotschild, qui possédait déjà, dans sa magnifique galerie, plusieurs œuvres capitales de Decamps.

Nous disions, en commençant cette étude, que les Musées de l'Etat ne renfermaient aucun ouvrage du grand artiste, mort si prématurément ; nous faisions erreur : on voit, depuis quelque mois, au Louvre, dans le salon dit des *Sept Cheminées*, une toile remarquable, représentant des *Chevaux de halage*, la même qui fut admirée au Palais de l'Industrie, en 1855. Hâtons-nous d'ajouter que c'est à la générosité d'un amateur distingué, M. Alexis Ravenon, que le Musée Impérial doit la possession de cette perle. —

(1) Haut. 0 m. 90; larg. 1 m. 16.

C'est le soir : les rayons du couchant dorent le ciel sur lequel se détache brusquement la berge accidentée d'une rivière qui coule au premier plan. Les chevaux, fatigués du travail de la journée, pataugent lourdement dans l'eau ; campé sur l'un d'eux dans une position pleine de naturel, le conducteur ne semble pas moins satisfait que ses bêtes de voir arriver l'heure du repos. Sur la rive, une paysane chasse devant elle un troupeau d'oies. Il se dégage de cette composition si vraie, si réelle, si puissamment rendue, je ne sais quel charme mystérieux et poétique qui fait rêver.

Decamps a traité plusieurs fois le même sujet, avec quelques variantes ; il a représenté aussi des *Chevaux au pâturage* qui, livrés aux enchères en 1860, ont été adjugés au prix de 4,050 francs, après avoir été vivement disputés par les amateurs qui fréquentent l'Hôtel des Ventes.

De l'*Hôpital des chiens*, composition spirituelle qui remonte à 1831, il est sorti tout une meute robuste et vaillante de bassets, de griffons, d'épagneuls, de levriers, de danois, dont le maître a peuplé les piquantes scènes de chasse que son crayon et son pinceau féconds excellaient à reproduire : chasse au marais, chasse au renard, chasse au lapin, chasse au chien d'arrêt, chasse dans la forêt de Fontainebleau, chasse dans les Pyrénées.

Decamps était lui-même un Nemrod trop passionné et trop assidu pour ne pas connaître, par expérience, les moindres particularités de la vénerie moderne. C'est d'après des souvenirs personnels qu'il a mis en scène chasseurs, chiens et gibier. Dans la *Chasse au faucon*, il ne pouvait guère s'inspirer que des descriptions de chasses royales, publiées il y a trois ou quatre siècles ; mais nous sommes bien persuadé qu'il a plus consulté son imagination que le *Miroir de la faulconnerie*, de P. Harmont, ou les *Lettres* de noble Charles d'Arcussia de Capre, seigneur d'Esparon. — Ce tableau est un morceau vraiment à part dans l'œuvre du maître : le coloris en est frais et coquet, dans une gamme argentée d'une suavité exquise. Le faucon rabat un héron qui lutte faiblement contre son terrible adversaire. De brillants seigneurs, de nobles dames, qu'escortent pages et varlets, accourent, au galop de leurs destriers et de leurs haquenées, pour applaudir au triomphe du vainqueur.

Le *Combat du tigre et de l'éléphant* est une scène bien autrement émouvante. — Chassés de leur gîte par la soif, les deux redoutables animaux se rencontrent près d'une flaque d'eau, au milieu d'une plaine immense, morne, desséchée. Qui prendra possession de la mare ?... Le tigre glisse, comme un serpent, à travers les jungles, allonge les pattes, courbe la tête ; l'éléphant relève sa trompe comme pour sonner la charge et secoue ses larges oreilles. — Nous sommes bien loin de Fontainebleau : le soleil des tropiques embrase le sol et éclaire l'horizon de lueurs sanglantes. Nulle part l'artiste n'a mis plus de lumière, plus de chaleur, plus d'air et d'espace que dans cette petite toile.

On le voit, Decamps a peint, avec une habileté supérieure, les animaux les plus divers. Nous connaissons de lui, des *Bœufs attelés à un chariot*, que Troyon ou Brascassat ne désavoueraient pas. Les humbles volatiles de nos basses-cours, n'ont pas été reproduits moins heureusement par son pinceau facile : le tableau de *Coqs et poules sur un fumier*, exposé en 1855, pouvait rivaliser, pour la finesse des détails et la vérité du rendu, avec les plus jolis poulaillers de Charles Jacques.

Il nous reste à parler des *Singes* que le maître a fait figurer dans plusieurs toiles devenues célèbres, mais qui ont été pour lui plutôt des prétextes à caricature que des sujets d'étude zoologique. Les uns ont vanté *l'humour* de ces piquantes satires ; les autres n'y ont vu qu'une intention misanthropique, la preuve d'un esprit aigri et rancuneux ; d'autres, tout en reconnaissant à l'artiste un merveilleux talent d'exécution et de mise en scène, ont cru devoir blâmer l'idée qu'il a eue de prêter à la brute nos mœurs, nos goûts et jusqu'à nos habillements. Voici ce qu'écrivait, en ce sens, M. A. de Belloy, à l'époque de l'Exposition universelle : « Admirablement peints, étudiés dans les poses avec une finesse extrême, placés dans un milieu où les moindres détails concourent à l'intelligence et à l'harmonie de l'ensemble, il ne manque aux *Experts*, au *Singe peintre*, aux *Singes boulangers*, aux *Singes charcutiers*, que des visages d'hommes pour mériter à l'artiste des éloges sans restriction. Le premier de ces quatre tableaux fût-il, comme on l'a murmuré, une satire pittoresque de l'ancien jury de peinture, j'y verrais bien quelqu'amertume, mais de gaîté pas même l'ombre. Le singe, par son odieuse ressemblance avec l'homme, par sa vivacité mécanique et fébrile, est un des êtres les plus repoussants de la création. Ajouter à sa ressemblance avec nous en lui donnant dans un tableau le costume, les mœurs et les habitudes de notre espèce, c'est méconnaître un peu la dignité de celle-ci.... On risque fort, d'ailleurs, à ce jeu-là : l'auteur des *Animaux peints par eux-mêmes*, M. Granville, en a su ou plutôt en a éprouvé quelque chose ; à force d'accorder aux animaux les attributs de l'homme, et à l'instinct les fonctions de l'intelligence, cette habituelle confusion des deux types,

— désordre qui allait croissant jusqu'au délire dans ses dernières compositions, — a fort bien pu contribuer à déranger l'équilibre de ce cerveau trop délicat, et il est permis de voir dans son œuvre si fantastique, l'arsenal des visions grotesquement terribles qui troublèrent la fin de sa vie. Chez M. Decamps lui-même, — intelligence autrement robuste que celle de Granville, — n'est-il pas possible de découvrir une certaine affinité entre les personnages les plus complétement humains, et ceux qu'il a empruntés à une espèce trop voisine ? Les *Experts* n'ont-ils pas déteint sur le cadi et les soldats de la patrouille turque ? Le *Singe peintre* ne semble-t-il pas avoir retouché en cachette et ramené à son idéal certaines figures de son maître ? Le laid n'est pas seulement laid, il est dangereux et malsain. Utile parfois comme contraste et comme démonstration du beau, dont le sentiment varie et s'altère, ne l'employons qu'à petites doses, et à l'instar de ces substances corrosives dont la manipulation exige des précautions infinies. Cette observation est générale : le laid ne domine pas absolument dans l'œuvre de M. Decamps... »

Malgré cette restriction, il est évident qu'aux yeux de M. de Belloy, — comme à ceux de tous les classiques purs, — le plus grand tort de notre artiste est d'avoir consacré son merveilleux talent à la peinture de la réalité et d'être arrivé ainsi à produire des œuvres en dehors de toutes les traditions académiques. — Decamps, il est vrai, n'a pas cru devoir dessiner ses figures d'après un type de beauté conventionnel : en cela, il n'a fait que suivre la voie si brillamment ouverte par Rembrandt ; il a laissé de côté les poncifs de l'école, pour ne prendre conseil que de son génie ; il s'est placé devant la nature, cet admirable modèle, et en l'interprétant il s'est efforcé d'être vrai avant tout. Ses magnifiques paysages de l'Orient et ses poétiques scènes de la Bible sont là pour prouver qu'il a possédé, autant que personne, le sentiment du beau et, s'il n'a pas toujours atteint l'idéal de la forme, il a réalisé du moins, dans toute sa magie, l'idéal de la couleur.

Pour en revenir à ses *Singes*, faut-il lui reprocher d'en avoir fait les héros d'une parodie spirituelle ? Pourquoi n'accorderiez-vous pas aux peintres, le droit qu'ont les écrivains de tourner en ridicule les travers et les vices de la société ? Si donc vous admettez que les *Femmes savantes* de Molière, par exemple, sont des figures grotesques, touchées de main de maître, des types achevés de pédantisme, vous ne pouvez moins faire de reconnaître aux *experts* le même caractère comique, la même portée satirique. Un singe revêtu de nos costumes et usurpant nos goûts, nos occupations, ne vous choquera pas plus qu'un M. Jourdain, bourgeois épais, affectant les allures d'un gentilhomme ; il ne portera pas plus ombrage à votre dignité qu'un Mascarille affublé des habillements de son maître et contrefaisant le bel-esprit. — Ce ne sont là, me direz-vous, que des caricatures. — Soit. Elevée à une pareille hauteur, la caricature est une branche sérieuse de l'art ; nous ajouterons, l'une des plus difficiles, celle qui exige le plus d'originalité, de sève, de finesse et de verve.

Peut-on imaginer des mines plus expressives, plus délicieusement grotesques, que celles des *Singes experts*, « estimateurs, appréciateurs et blagueurs, » comme les appelle Decamps lui-même, — singes émérites que vous avez rencontrés partout, dans la rue, dans les salons, dans les académies, à la salle des ventes, aux expositions ? Vénérables savants qui se flattent de connaître à fond les diverses écoles et qui n'ont d'admiration que pour le passé ! Amateurs délicats qui font fi des œuvres nouvelles et n'admettent dans leurs galeries que les tableaux suffisamment *enfumés* et notoirement classiques ! Il faut voir avec quel recueillement ils contemplent un paysage du genre poussinesque, posé devant eux sur un chevalet. L'un d'eux, le nez sur la toile, en examine à la loupe les moindres détails : c'est l'estimateur par excellence, le profond connaisseur dont l'opinion fera loi. Ne vous semble-t-il pas qu'il ait conscience de son mérite ? Il se carre dans son fauteuil et, n'était certain mouvement qu'il fait pour se gratter la jambe et qui trahit sa nature de singe, vous le prendriez vous-même pour un arbitre du goût. Oh ! le plaisant babouin avec son abat-jour vert, sa culotte courte, ses bas chinés et ses souliers à boucle !... Quoi de plus naturel aussi dans sa pose que celui qui se tient debout, sa canne et son chapeau à la main ? Une expression de niaise méditation se lit sur son museau ; mais, il n'a garde de se prononcer avant le bonhomme à la visière verte ; tout à l'heure, seulement, il saura s'il doit rester froid ou pousser l'enthousiasme jusqu'au délire. Et cet autre qui porte un cadre et un parapluie sous son bras, a-t-il l'air assez ignare, assez hébété ?...

Le *Singe peintre* n'est pas moins expressif : notre artiste, en veste de velours, est assis à terre, dans une attitude qui tient plus du singe que de l'homme ; il applique les dernières touches à un paysage, avec un sérieux et une attention des plus comiques. Au second plan, un rapin broie les couleurs qui serviront à peindre d'autres chefs-d'œuvre. Une palette de rechange, une pipe accrochée au mur, un pinceau usé dans la *furia* magistrale de la touche et gisant sur le plancher, sont autant de détails finement rendus.

En composant cette charge spirituelle, Decamps avait peut-être
en vue ces imitateurs maladroits qui croyaient réaliser les pres-
tigieuses fantaisies de sa couleur en exagérant les empâtements et
les repoussoirs. Il est bien avéré qu'il peignit les *Experts* pour se
venger des refus consécutifs qu'il eut à essuyer de la part de ce
même jury qui proscrivit si longtemps les admirables paysages de
Théodore Rousseau, qui repoussa des toiles signées Delacroix, Ma-
rilhat, Paul Huet, Louis Boulanger, Gigoux, des marbres sculptées
par Barye, par Antonin Moine, par Préault. Mais, cette vengeance
fut celle d'un homme d'esprit qui, incapable d'une basse animosité,
voulut simplement égayer la galerie aux dépens de ses juges. Une
pareille boutade, d'ailleurs, n'atteignait directement personne ;
l'auteur laissait au public le soin de donner lui-même des noms
propres aux « estimateurs, appréciateurs et blagueurs. » — C'est
là, en somme, une scène de comédie fine, caustique, et M. de
Belloy sera, sans doute, le seul à ne pas la trouver amusante.

Ce critique, — dont nous ne prétendons pas, d'ailleurs, mettre
le bon goût en question, — a adopté le singulier parti-pris de voir,
dans l'œuvre de Decamps, l'empreinte d'une incurable mélancolie :
« Mon impression, dit-il, était la même, il y a vingt ans, lorsque
M. Decamps débutait dans les arts avec une physionomie qui ne
pouvait déjà plus s'assombrir. Cette tristesse complètement indépendante des sujets choisis par le peintre, on la retrouve, selon moi,
dans les moindres détails de ses ouvrages, dans la silhouette d'un
arbre, dans le mouvement d'un terrain, dans les plis d'un costume,
dans ces rugosités de murs où il excelle, où il abuse, dans ces
nuages fantastiques rayant, à larges zones, des ciels de marbre
cipollin. Non qu'il cherche de préférence le côté triste des objets :
la plaie de ce talent est plus profonde encore ; le mal n'est pas ima-
ginaire, il est chronique, et le malade ne soupçonne pas son état ;
il ne veut pas voir, il voit triste. »

On avouera que c'est pousser un peu loin le naturalisme en peinture, que d'attribuer à un mouvement de terrain une physionomie
plus ou moins chagrine, que de prétendre retrouver, dans les rugosités d'un mur, la marque d'un esprit morose.

Que Decamps ait laissé percer dans plusieurs de ses toiles un sentiment de gravité mélancolique et rêveuse, — dont il aura sans
doute contracté le germe au milieu des populations fatalistes de
l'Orient, — nous ne le nierons pas. Mais l'artiste, qui nous a donné
la *Sortie de l'école turque* et la *Ronde de Smyrne*, n'avait pas
vu tout en noir dans le pays des houris ; et si l'on veut absolument

que les *Experts* et le *Singe peintre* soient l'inspiration d'un misanthrope, on nous accordera du moins qu'un gai penseur pouvait seul enfanter le *Singe gastronome*, le *Singe au miroir*, les *Singes boulangers* et les *Singes charcutiers*, dont Théophile Gautier a dit, dans son langage pittoresque, qu'ils feraient pouffer le spleen de rire.

Les *Singes musiciens* ont droit à une mention spéciale : le professeur de violon, battant du pied la mesure que ne peut rattraper son élève, a, sur son laid visage, une expression de mauvaise humeur et de dépit qui forme le contraste le plus plaisant avec l'air effaré du disciple.

Genre. — Nul n'a associé avec plus d'habileté que Decamps la peinture de genre et le paysage. Dans ses scènes en plein air, tout se tient, tout s'enchaîne : les figures font valoir le paysage, le paysage fait valoir les figures ; et, alors même que les personnages semblent sacrifiés à la grandeur du site, ces personnages vous frappent par la vérité de leurs allures, de leurs poses : ils vivent, ils se meuvent ; on jurerait qu'ils vont se détacher de la toile.

Nous avons vu quel parti l'éminent artiste sut tirer des étrangetés pittoresques de l'Orient. L'Italie devait le séduire aussi, car l'Italie, avec son ciel radieux, ses *lazzaroni* somnolents, ses *condottieri* non moins farouches que des Arnautes, ses mendiants déguenillés, l'Italie, c'est presque l'Orient. Il en rapporta un assez grand nombre d'études, dont quelques-unes ont servi de motifs à d'importantes compositions ; il nous suffira de citer les *Potiers italiens*, un de ses tableaux les plus remarquables, autant par la beauté des types que par l'exquise finesse du coloris ; — un *Chevrier des Abruzzes*, chaud et harmonieux comme un Giorgione ; — un *Paysan*, assis sur un banc et fumant sa pipe avec la placidité d'un lazzarone ; — une *Famille italienne*, groupe d'une rare élégance, et un *Chariot traîné par des bœufs*, dont on loue la réalité saisissante.

N'oublions pas la *Vue d'un village des Etats-Romains*, exposée en 1855, peinture des plus étudiées, — où le travail même se fait un peu trop sentir, mais dont l'effet général attire, charme, éblouit. — Une rue étroite, escarpée, toute pleine d'une ombre fraîche et transparente qui contraste avec l'intensité lumineuse du premier plan, s'ouvre devant nous, et nous laisse entrevoir, pour horizon, quelques collines grillées par le soleil. Des enfants et des porcs qui s'ébattent pêle-mêle, des femmes élégamment drapées animent cet intérieur villageois qui ne le cède en vérité à aucune des toiles si justement appréciées du peintre des *Cercaroles*.

Decamps visita aussi l'antique terre des Hellènes qui lui fournit d'intéressants motifs, tels que la *Danse des Palicares* et l'*Improvisateur*, faisant retentir ses chants au milieu des ruines d'un temple. Mais, après l'Asie, ce fut le Midi de la France qui eut le privilége de retenir le plus longtemps notre artiste, et qui conserva toujours, — ainsi qu'il nous l'a dit lui-même dans son autobiographie, — une bonne part de ses affections. Il est à regretter toutefois, que cette partie de la terre natale ne lui ait inspiré que des œuvres tout à fait secondaires, des études restées pour la plupart à l'état d'ébauches.

A Marseille, il fit un croquis de l'*Intérieur du Marché*. — Sur la route qui conduit de cette dernière ville à Toulon, il fut frappé de l'aspect imposant des *Gorges d'Ollioules*, et son crayon en reproduisit la beauté pittoresque. — A Toulon même, il dessina deux figures de *Forçats*, pleines de vigueur et d'expression.

Il ne borna pas ses excursions à la Provence, il visita successivement le Languedoc, la Guienne, le Béarn : parmi les ouvrages qui naquirent de cette tournée artistique, nous signalerons une *Chasse dans les Pyrénées*, un *Vieux château sur le Lot*, et une *Ferme des environs d'Agen*, éclairée par un soleil couchant du plus bel effet. Nous ne savons s'il s'avança bien loin, au-delà des Pyrénées : on a vu de lui, à l'Exposition universelle, des *Espagnols jouant aux cartes*, d'une tournure et d'une couleur vraiment locales.

Il semble que Decamps, au retour des contrées radieuses du Levant, se soit trouvé quelque peu dépaysé au milieu des brumes du nord de la France. Son pinceau habitué à fixer le soleil sur la toile, à couvrir de tons ardents des terrains crayeux et de blanches maçonneries, perdait beaucoup de sa fougue dès qu'il s'agissait de peindre nos ciels grisâtres, notre sol boueux, nos verdures monotones. C'est ainsi que le *Berger et son troupeau surpris par la pluie* (1), — exposés en 1846, — présentaient une sorte de confusion et de mollesse dans l'ensemble, résultant d'un manque d'opposition assez vigoureuse entre les diverses parties ; les tons étaient justes, mais ils ne se renforçaient pas l'un par l'autre. — Cette composition était d'ailleurs parfaitement conçue, très-vraie et très-expressive dans les détails.

Les environs de Paris, Fontainebleau, Saint-Germain, les bords de la Marne ont été explorés et étudiés, sous plus d'un aspect, par

---

(1) Intitulé encore : *Le Retour du berger*, effet de pluie.

Decamps. Il importe peu, après tout, de désigner les divers lieux auxquels il a emprunté les motifs de ses nombreux ouvrages. Laissons dire ceux qui lui reprochent de ne pas avoir été assez consciencieux et assez exact dans l'interprétation de ses modèles. L'anecdote que l'on raconte à propos du *Souvenir de la Turquie d'Asie*, fût-elle vraie, qu'elle n'enlèverait rien, suivant nous, aux mérites de ce merveilleux paysage qui en dit assurément plus sur l'Orient que tous les récits des voyageurs. — « Dans ce tableau, dit-on, le peintre avait voulu représenter une rue, et, au milieu de cette rue, un mulet ou un cheval (peu importe lequel); mais il lui fut impossible de faire tenir le quadrupède sur ses jambes. Enfin Decamps, désespérant de faire jamais porter le corps également sur les quatre pieds de l'animal, biffa le tout, fit passer un cours d'eau au milieu de la rue, qui devint un canal où nageaient des canards. »

Je présume fort que ces canards, dont je n'ai pas remarqué la présence dans le tableau du maître, se sont échappés de l'atelier de quelque loustic.

Pourquoi ne pas l'avouer, d'ailleurs? Decamps, admirateur passionné de la nature, s'attachait bien moins à reproduire la physionomie de tel ou tel site, qu'à fixer sur la toile une impression fugitive, la splendeur d'un coucher de soleil, les jeux fantastiques des nuages, un effet de pluie, les mystères du crépuscule. Il ne copiait pas servilement ce qui frappait ses yeux (et c'est par là qu'il se distingue des prétendus réalistes), il revêtait les détails les plus insignifiants du manteau éblouissant de la fantaisie. Aussi, rien de trivial dans son œuvre : garde-chasse, braconniers, rémouleur, forgeron, cuisinière au marché, laveuses, mendiant comptant sa recette, bohémiens, piéton fatigué, assis sur le rebord du chemin, vieille femme courbée sous le poids d'un fagot, — les types les plus vulgaires prenaient, sous son pinceau magique, un accent merveilleux, un relief saisissant.

Il serait souverainement injuste de prétendre qu'il ne visait qu'à l'effet pictural : il accordait beaucoup, il est vrai, à l'exécution, mais il ne se préoccupait pas moins sérieusement de l'idée. Nous n'en voudrions pas d'autres preuves que ses magnifiques cartons de la *Vie de Samson*, si nous ne trouvions dans la partie de son œuvre qu'il nous reste à examiner, des tableaux de genre empreints du sentiment le plus élevé.

Il y a plus qu'une idée dans le tableau de *la Morte*, il y a tout un poème d'un pathétique navrant, d'une imposante simplicité! —

Au fond d'une mansarde où ne pénètre qu'une froide lumière, sur un misérable grabat, la morte gît, enveloppée dans un linceul. Ni parents, ni amis ne sont venus pour verser des larmes et pour prier sur le corps de la pauvre défunte.... Et par qui donc, serait-elle pleurée et regrettée, celle dont les jours se sont écoulés au milieu des terribles angoisses de la misère? L'isolement et le silence de la tombe se sont déjà faits, depuis longtemps, autour d'elle. Pour nous-même qui nous arrêtons avec recueillement devant sa couche mortuaire, elle reste inconnue : le suaire dans lequel elle est cousue, nous dérobe ses traits. Mais ainsi voilée, elle ne nous intéresse que plus vivement, et nous savons gré à l'artiste de ne pas avoir profané le douloureux mystère de cette existence brisée. Que nous importe d'ailleurs, qu'elle ait été belle ou laide, jeune ou vieille, quand elle est arrivée au terme de son pénible voyage? Sous ce froid linceul, nous devinons une créature qui a gémi, qui a souffert, qui a succombé ; c'est assez : notre cœur se serre, nos pleurs coulent ...

Il n'appartient qu'aux vrais poètes, on l'avouera, de nous remuer aussi profondément.

Bien qu'il ne consultât d'ordinaire que la nature et son génie, dans la composition de ses tableaux, Decamps ne dédaignait point de s'inspirer parfois des œuvres de nos grands écrivains, témoins les heureuses interprétations qu'il nous a données de quelques fables de Lafontaine. La gravure a popularisé l'*Ivrogne et sa femme*, une fantaisie moitié funèbre, moitié comique, rendue avec infiniment d'esprit par l'artiste. On a pu admirer à l'une des dernières ventes de l'hôtel Drouot, le *Berger et la mer*, tableau d'un coloris vigoureux, et un très-beau fusain rehaussé, représentant *Les voleurs et l'âne* ; mais on ne connaît presque pas *La mort et le bûcheron*, l'une des pages les plus importantes (1) cependant que le maître ait produites.

Le soleil a disparu derrière les montagnes ; encore quelques instants, et les larges bandes de pourpre et d'or qui rayent l'horizon se seront effacées, et la nuit étendra sur la terre ses voiles épais. C'est l'heure où les travaux rustiques s'arrêtent, où les troupeaux rentrent à l'étable, où les oiseaux, blottis sous le feuillage, suspendent leurs concerts, où la nature entière s'endort, fatiguée de lumière et de bruit... Mais pour les misérables, est-il jamais de repos ?

(1) Devenue depuis peu la propriété d'un riche amateur marseillais, M. Antony Roux.

> Un pauvre bûcheron, tout couvert de ramée,
> Sous le faix du fagot aussi bien que des ans,
> Gémissant, et courbé, marchoit à pas pesans,
> Et tâchoit de gagner sa chaumine enfumée.
> Enfin, n'en pouvant plus d'effort et de douleur,
> Il met bas son fagot, il songe à son malheur:
>
> . . . .
>
> Sa femme, ses enfants, les soldats, les impôts,
>   Le créancier et la corvée
> Lui font d'un malheureux la peinture achevée.
> Il appelle la mort. Elle vient sans tarder
>   Lui demander ce qu'il faut faire,
>   C'est, dit-il, afin de m'aider
> A recharger ce bois. . . . .

Le bûcheron, accablé de lassitude, s'est assis sur un bloc de pierre, au coin d'un carrefour solitaire qu'entourent de grands arbres. La mort, drapée dans un linceul, se tient familièrement à ses côtés, appuyée d'une main sur la pierre, tenant de l'autre sa redoutable faux. Il y a dans cette attitude je ne sais quel laisser-aller, quelle coquetterie diabolique : l'affreuse camarde déploie tous les moyens de séduction en son pouvoir pour attirer à elle le malheureux bûcheron; mais celui-ci, peu sensible à ses sinistres agaceries, baisse la tête et montre son fagot.

Cette composition si habilement conçue, ne le cède pour l'exécution, à aucune des toiles les plus estimées de l'artiste; on ne sait ce qu'il faut le plus admirer de la vigueur magistrale de la touche ou de l'énergie de la couleur. La tête du bûcheron, modelée dans l'ombre, a un relief merveilleux; les troncs des arbres sont d'une réalité qui fait illusion; mais, ce qui étonne le plus, ce qui arrache un véritable cri d'enthousiasme, c'est la puissance de tons et la beauté incomparable du ciel.

L'artiste que nous avons vu si émouvant dans les sujets lugubres, si piquant dans la satire, si noble dans la peinture d'histoire, a su être aimable et enjoué dans les tableaux consacrés à l'enfance. — La *Sortie de l'école Turque* et *les Enfants à la tortue*, nous ont déjà appris que sa gravité habituelle n'était pas incompatible avec la grâce. Citons encore l'*Enfant au lézard*, la *Petite fille à la chèvre*, et surtout un charmant tableautin, exposé l'an passé au boulevard des Italiens, et intitulé *le Déjeuner* : — un bambin rose et joufflu, attablé devant une assiettée de bouillie qu'un chien est en train de laper, au grand déplaisir de l'enfant qui crie et se démène vainement sur sa chaise.

3*

Il nous resterait plus d'une page remarquable à signaler dans l'œuvre de Decamps, mais la revue qui précède, quelque incomplète qu'elle soit, suffira pour prouver que notre grand artiste, comme tous les maîtres des anciennes écoles, possédait une variété de style infinie, et abordait, avec une égale supériorité, les genres les plus divers.

III

Si nous recherchons maintenant quels liens rattachent Decamps au passé et quelle influence il a eue, à son tour, sur l'art contemporain, nous serons bien obligés de revenir aux paroles prophétiques (1) par lesquelles Gustave Planche saluait le jeune maître à ses débuts, en 1831 : « M. Decamps est un grand artiste qui ne fait suite à personne, à qui personne ne pourra faire suite, aussi loin de Willie et d'Allan que de Terbug et de Metzu. Il aura des *singes* et pas un élève. Sous la poussière de ses pas il naîtra quelques empreintes, qu'on essaiera de suivre pour retrouver la route qu'il a prise ; on se flattera de savoir d'où il vient et où il va, on se fera fort de dire quel fil lui a servi de guide ; mais au premier détour on perdra la trace, au premier souffle de vent les empreintes s'effaceront, et il ne restera aux annalistes et aux curieux qu'ils auront mystifiés, que l'humiliation et le regret de s'être égarés à sa poursuite. »

Rembrandt est assurément le maître avec lequel Decamps a le plus de parenté ; on n'a qu'à rapprocher la *Patrouille turque* du *Guet* pour s'en convaincre ; mais s'il est vrai que, dans cette composition et dans quelques autres, notre artiste rappelle l'illustre Hollandais par le prestige du coloris, la science du clair-obscur, la naïveté amusante des détails, l'accentuation comique des types, voire même par certaine analogie de mise en scène, — ces rapports sont loin de constituer une imitation servile et ne suffisent même pas, à nos yeux, pour établir une filiation bien marquée.

On a voulu voir aussi une réminiscence de Salvator Rosa dans le magnifique paysage qui sert de théâtre à la *Défaite des Cimbres* : même ampleur de lignes, même audace de couleur, même fougue

(1) Cette appréciation justement célèbre et que nous voudrions pouvoir citer tout au long, restera certainement le dernier mot de la critique sur Decamps.

de pinceau. Mais ces qualités, on l'avouera, sont de celles qui ne se transmettent point dans les écoles : le génie seul les donne.

D'ailleurs, mettre Decamps en ligne avec Salvator et Rembrandt, c'est faire une comparaison que les plus exigeants accepteraient comme un titre de gloire.

Ce qui permet d'assigner à Decamps une place à part dans l'école française, ce qui caractérise sa libre et forte individualité, ce n'est pas tant l'originalité de ses conceptions que la puissance avec laquelle il a su traduire sa pensée. Nul n'a poussé plus loin la vigueur et la hardiesse du procédé. Ses moindres tableaux ont une force extraordinaire qui fascine, qui subjugue. Les détails sont rendus avec une exactitude merveilleuse et atteignent à la perfection du trompe-l'œil sans nuire à l'unité pittoresque et poétique de la composition ; les plans se disposent et s'agencent solidement jusqu'aux lointains les plus effacés ; de la combinaison des clairs et des ombres jaillit une lumière pure, sereine, vraiment éthérée ; les tons locaux se soutiennent et se font valoir par la comparaison, sans que jamais l'harmonie en souffre ; la pâte, pétrie par une brosse savante jusque dans ses emportements, s'éclaire, s'irise, s'échauffe, s'anime, pour ainsi dire, et prend des reflets d'un incomparable éclat.

Nous savons qu'on a accusé Decamps d'avoir poussé ces qualités à l'excès ; des critiques sérieux lui ont reproché d'avoir fait en peinture une faute analogue à celle que commettent certains musiciens de nos jours qui attachent une importance extrême à la sonorité.— « Dans les tableaux peints à l'huile par notre artiste, écrivait, en 1835, M. Delécluze, son coloris est hors de proportions avec la petitesse de ses cadres, et il ressemble, comme je l'entendais dire spirituellement, à un musicien qui jouerait du trombone dans un boudoir (1). » Nous ne contesterons pas que Decamps ait exagéré parfois la transparence et l'intensité du coloris, en transportant dans la peinture à l'huile les procédés de l'aquarelle ; mais nous sommes persuadé que ce défaut, — qui n'est, après tout, qu'un signe de richesse, la preuve d'une force exubérante, — n'aurait point attiré les regards sévères de la critique, s'il n'eût été mis en évidence par les imitations maladroites de tout un troupeau de *singes*.

Et en vérité, le plus grand tort de Decamps, — tort involontaire, s'il faut dire vrai, — a été de susciter cette foule innombrable de copistes impuissants qui, attirés par son talent comme les phalènes le sont par la lumière, ont cru atteindre à la magie de ses effets en

(1) *Journal des Débats*, novembre 1855.

entassant sur la toile des couleurs grasses et éclatantes , en maçonnant à droite , en grattant et regrattant à gauche.

Nul doute que cette rage d'imitation ne fasse qu'augmenter, maintenant que le grand artiste n'est plus ; mais les singes auront beau faire , ils n'entameront pas le précieux héritage de sa gloire ; leurs tentatives avortées seront autant d'hommages rendus à son génie.

Marseille , 12 mai 1861.

Voici les prix qu'ont atteints, aux enchères publiques, quelques-unes des œuvres de Decamps :

Collection V. J. (1857) : — *Chasseur au marais*, 6,000 fr. ; — *Famille italienne*, 900 fr.

Collection Deforge (1858) : — *La Fuite de Loth*, 3,200 fr. ; — *Intérieur du marché de Marseille*, 2,600 fr.

Collection Arosa (1858) : — *Chasse au marais*, 430 fr. — — *Nature morte*, 250 fr.

Collection Véron (1858) : — *Joseph vendu par ses frères*, payé 5,000 fr. à l'auteur par le duc d'Orléans, acquis plus tard au prix de 38,000 fr. par le docteur Véron, cédé, en 1858, au baron Sellières, pour 34,000 fr. ; — *En Asie Mineure*, 13,700 fr. ; — *Les Voyageurs*, 6,925 fr. ; — *Le Laboureur*, 4,150 fr. ; — *Famille de Bohémiens*, 5,000 fr. ; — *L'Avant-rade de Smyrne*, acquise par M. de Rotschild, 11,200 fr. ; — *Café Turc*, 2,350 fr. ; — *Samson combattant les Philistins*, acquis par M. Wertheimber, 4,200 fr. ; — *Les Grecs*, 2,375 fr. ; — *Le Chenil*, 2,275 fr. ; — *Pêcheur maltais*, 2,150 fr.

Collection Corvisart (1858) : — *Coucher de Soleil*, 2,680 fr. ; — *Village d'Italie* (dessin rehaussé), 600 fr. ; — *Gorges d'Ollioules*, 1,470 fr.

Collection G. (1859) : — *Le Rémouleur*, 1,100 fr.

Collection du baron C. (1860) : — *Intérieur de cour*, 2,000 fr. ; — *Garde-Chasse* (sépia), 220 fr.

Collection X. (3 février 1860) : — *Mendiante*, 720 fr.

Collection de lord Seymour (1860) : — Tableaux : *Chiens au chenil*, 4,700 fr. ; — *Marchand d'oranges turc*, 3,050 fr. ; — *Intérieur villageois*, 3,400 fr. — Aquarelles : *Chiens bassets*, 3,450 fr. ; — *Singe gastronome*, 4,000 fr. ; — *Cavalerie turque traversant un gué*, 16,900 fr. ; — *Les petits nautonniers*, 5,400 f. — *Intérieur de sérail*, 4,480 fr. — Dessins : *Un mendiant*, 102 f. — *Voyageur au repos* (sépia), 225 fr. ; — *Chasse au Furet* (id.), 705 fr. ; — *Chasse au chien d'arrêt* (id.), 255 fr. ; — *Retour de chasse* (id.), 290 fr. ; — *Chasseur au repos* (id.), 205 fr. ; — *Vieille femme portant une bourrée* (id.), 255 fr.

Collection D. (1860) : — Tableaux : *Petite école turque*, payée 19,000 fr. par le marquis Maison ; — *Condottieri*, 3,250 fr. ; — *Famille italienne*, 4,100 fr. ; — *Chevaux au pâturage*, 4,050 fr. ; — *La petite fille à la chèvre*, 6,000 fr. ; — *Paysan et son âne*, 5,050 fr. ; — *Berger et son troupeau surpris par l'orage*, 24,100 f.

— *La Fuite en Égypte*, 2,525 fr.— Dessins : *Siége de Clermont*, 8,350 fr.; — *La maison du pêcheur*, 310 fr.; — *Laveuses*, 300 f.; — *Jeune mère et son enfant*, 230 fr.;— *Mendiant italien* (dessin rehaussé), 480 fr.; — *Forgeron* (id.), 520 fr.

Collection R. (1860) : — *Chasse au renard* (aquarelle), 1,000 f. — *Chien blessé*, 1,200 fr.; — *A Smyrne* (dessin), 340 fr.; — *Chariot italien traîné par des bœufs*, 2,100 fr.;— *Paysage d'Orient*, 2,675 fr. ; — *Chasse dans les Pyrénées*, 3,980 fr.

Collection B. (décembre 1860 : — *Josué arrêtant le soleil* (dessin), 605 fr.;— *Femme arabe embrassant son enfant*, 195 fr. — *Paysage d'Orient*, 2,000 fr. ; — *Une métairie* (paysage avec figures, effet de soleil couchant), 2,550 fr.

Vente du 18 janvier 1861 : — *Garde-chasse* (aquarelle), 2,500 f. — *Turc fumant* (id), 540 fr.

Vente du 26 janvier 1861 : — *Paysage d'Orient* (effet de soleil couchant), 1,410 fr. ; — *Une Ferme près d'Agen* (effet du soir), 2,300 fr.

Collection Albert (février 1861):— *L'Ane et les chiens savants*, 27,000 fr.; — *Marchand juif d'Orient* (sépia), 405 fr. ; — *Arabe et ses enfants* (aquarelle), 4,350 fr. ; — *Cuisinière au marché* (dessin rehaussé), 440 fr.

Vente du 2 mars 1861 : — *Habitation turque* (fusain rehaussé), 255 fr.; — *Bœufs attelés à un chariot* (id.); 170 fr.; — *Intérieur de forêt* (dessin rehaussé), 110 fr., — *Deux forçats* (étude faite à Toulon, dessin), 305 fr.

Collection Wertheimber (mars 1861) : — *Potiers italiens*, 15,700 fr. ; — *Samson combattant les Philistins* (esquisse), 1,080 fr. ; — *La Patrouille turque*, qui était passée de la galerie du marquis d'Hertfort dans celle de M. Wertheimber, adjugée à M. J. Patterson, au prix de 26,250 fr.

Collection Joseph Fau (mars 1861) : — Tableaux : *La Pêche miraculeuse*, 8,320 fr.; — *Marchand d'oranges*, 10,750 fr. ; — *Moïse et la fille de Pharaon*, 8,900 fr. ; — *La Halte*, 4,650 fr. ; — *La petite fille à la chèvre*, 4,005 fr.; — *Cheval blanc*, 2,320 f. Dessins : *La vie de Samson* (9 dessins), 2,900 fr. ; — *Les Singes boulangers* (dessin rehaussé), 3,620 fr. ; — *Les Singes charcutiers* (id.), 3,005 fr.

Collection de Mme la comtesse Lehon (avril 1861) : — *La sortie de l'école turque* (aquarelle) et l'*Épisode de la défaite des Cimbres* (sépia rehaussée de blanc), que M. Paul Périer avait payées ensemble 2,000 fr. à l'auteur, et qui avaient coûté 25,000 fr. à Mme la comtesse Lehon , vendues séparément : la première , 34,000 fr. ; la seconde, 25,000 fr.; — *Chevaux de halage*, 2,200 fr.; — *Femmes au bain*, 2,000 fr.

Collection de M. Ch. Bar... (avril 1861) : — *Josué arrêtant le Soleil*, 15,000 fr.

La vente spéciale de tableaux et dessins de Decamps , qui a eu lieu les 29 et 30 avril 1861, a produit la somme totale de 247,942 fr., cinq pour cent non compris. En voici tous les prix :

Le bon Samaritain, adjugé à M. Mayer , au prix de 32,600 fr. ; — *Job et ses amis*, à M. Broët , 18,100 fr. ; — *Saül poursuivant David* (haut. 80 c., larg. 120 c.) , au même , 7,200 fr. ; — *Saül poursuivant David* (haut. 45 c., larg. 80 c.) , au Ministère d'État, 4,100 fr. ; *Jésus et la Samaritaine*, à M. Davin , 3,500 fr. ; — *Le Centenier* , à M. Goldsmith , 3,500 fr.; — *Le Christ au prétoire*, à M. Plach , de Vienne , 7,000 fr. ; — *Jésus et les pèlerins d'Emmaüs*, 2,800 fr. ; — *Le Repos de la Sainte-Famille*, 3,800 fr. ; — *L'Anesse de Balaam* , 3,900 fr. ; — Même sujet , 3,400 fr. ; — *La Fuite de Loth*, 5,000 fr. ; — *Paysage biblique* , à M. le baron Michel de Tutarem , 4,950 fr. ; — *Polyphème* , à M. Bonnet , 15,800 fr. ; — *Le berger et la mer*, 3,600 fr. ; — *École turque* , (composit. de 23 figures), 9,400 fr. ; — *Boucherie turque*, 11,900 f. — *Un kiosque en Asie-mineure* , 1,725 fr. ; — *Gaza* , 2,600 fr. ; — *Marchand juif arménien* , à M. Gillois, 7,000 fr.; — *Musiciens juifs à Alger*, 1765 fr. ; — *Arméniens* , 760 fr.; — *La consultation*, 3,500 fr.; — *Les chercheurs de truffes*, à M. Broët, 9,500 fr. — *Pendant la moisson*, à M. Broët , 22,000 fr. ; — *Une sablonnière* , à M. de Vos , 8,600 fr. ; — *Les Moissonneurs* , 2,400 fr.; — *Vieux château sur le Lot*, 1,400 fr.; — *Les bords de la Seine*, 1,750 fr.; — *Terrasse d'une maison italienne*, 7,800 fr.; — *Plage au Tréport* , 2,950 fr. ; — *Agar dans le désert* , 680 fr. ; — *La Fuite en Égypte*, 700 fr.; — *Jonas sortant de la Baleine*, 310 fr.; — *Étude de paysage* (sans fig.), 200 fr. ; — *Caravane* , adjugé au prix de 2,900 fr. pour le compte du Ministère d'État ; — *Josué arrêtant le Soleil* (dessin) , à Mme Ve Decamps , 13,500 fr. ; — *Moïse sauvé des eaux* (dessin), à M. Tedesco, 9,400 fr.

Les prix suivants ont été payés en dehors des ventes publiques :

La Bataille des Cimbres, payée à l'artiste 5 à 6,000 francs par M. Arago , passa plus tard , avec une légère plus-value , dans la galerie du duc d'Orléans ; en 1855, M. André Cottier en fit l'acquisition , au prix de 51,000 fr. sans les frais.

Les Singes experts , devenus , je ne sais à quel prix , la propriété de lord Seymour, n'ont pas figuré dans la vente de la galerie de ce dernier ; ils auront sans doute été cédés au duc de Cumberland, qui en avait inutilement offert 20,000 fr. quelques années avant.

Le Singe peintre, acheté primitivement 2,500 fr. par M. de Dreux, a été vendu à un brocanteur, vers 1854, au prix de 8,000 fr.

La Cour de ferme, dont Decamps n'avait tiré que 2,200 fr., fut achetée 16,000 fr., en 1855, par le baron Corvisart.

La Chasse au faucon, payée 1,500 fr. par le comte de Narbonne, fut acquise, au prix de 3,800 fr., par un brocanteur, qui la revendit, peu après, 5,000 fr.

Typ. et Lith. ARNAUD et Cᵉ, Cannebière, 10, Marseille.